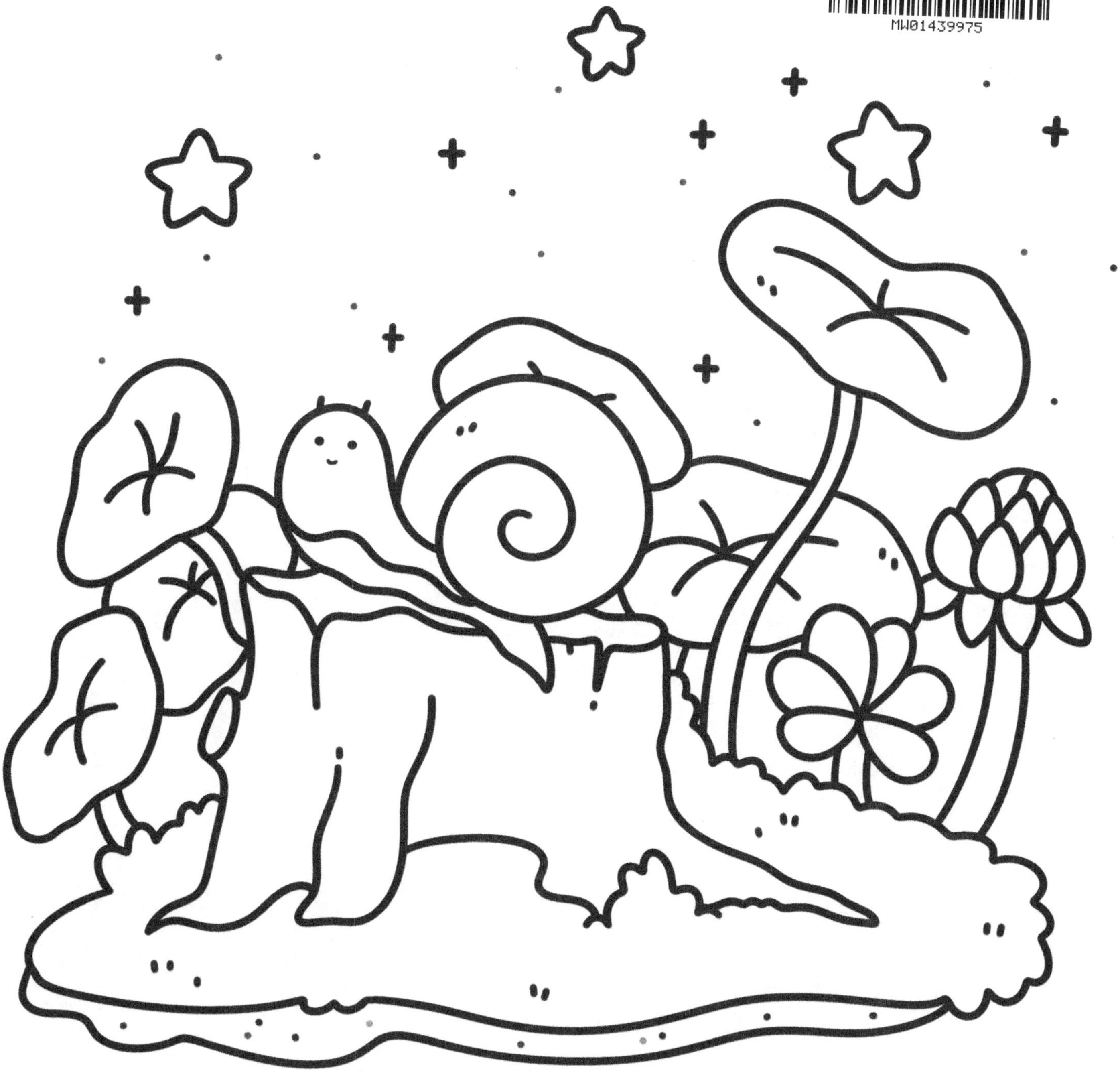

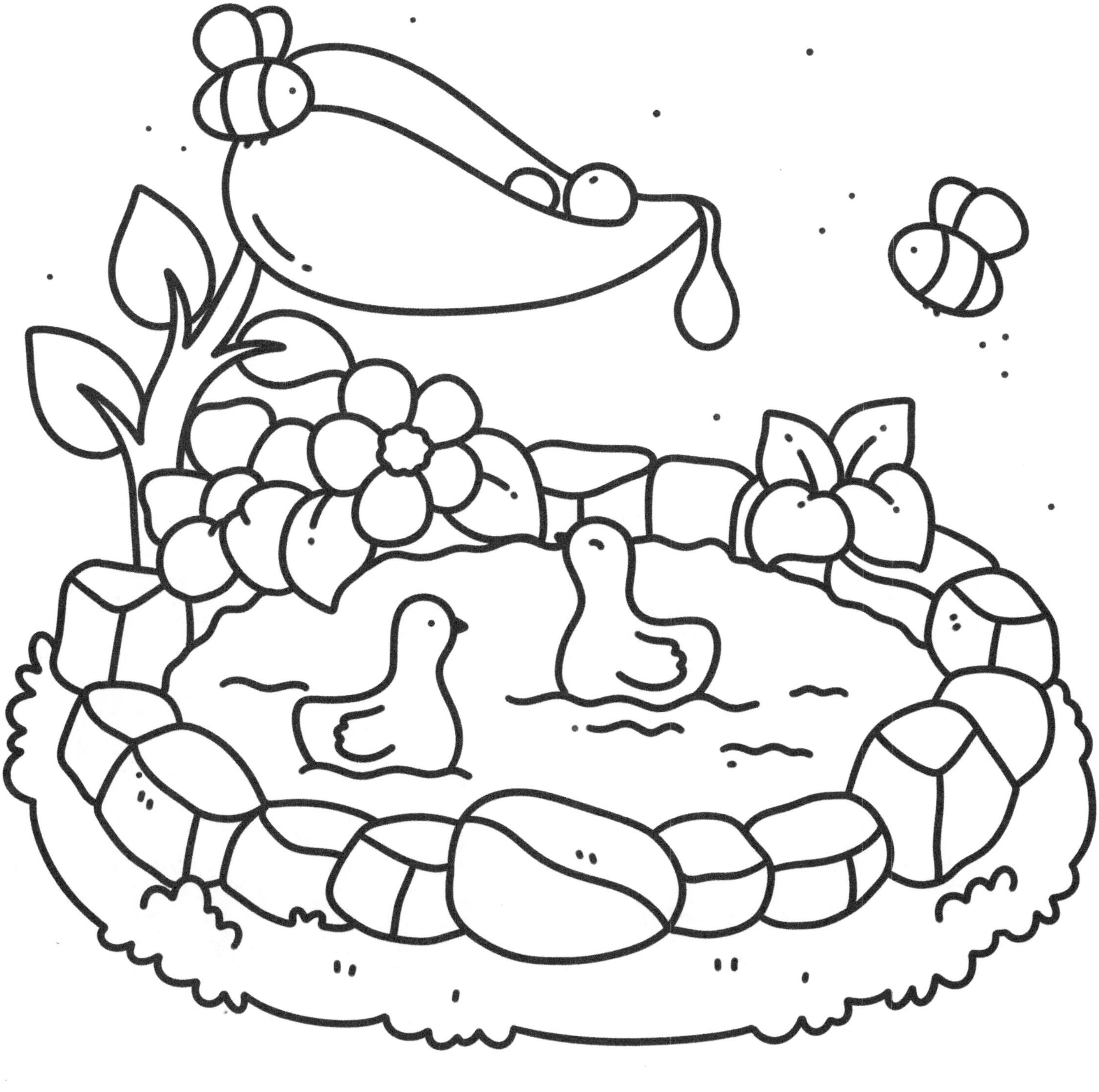

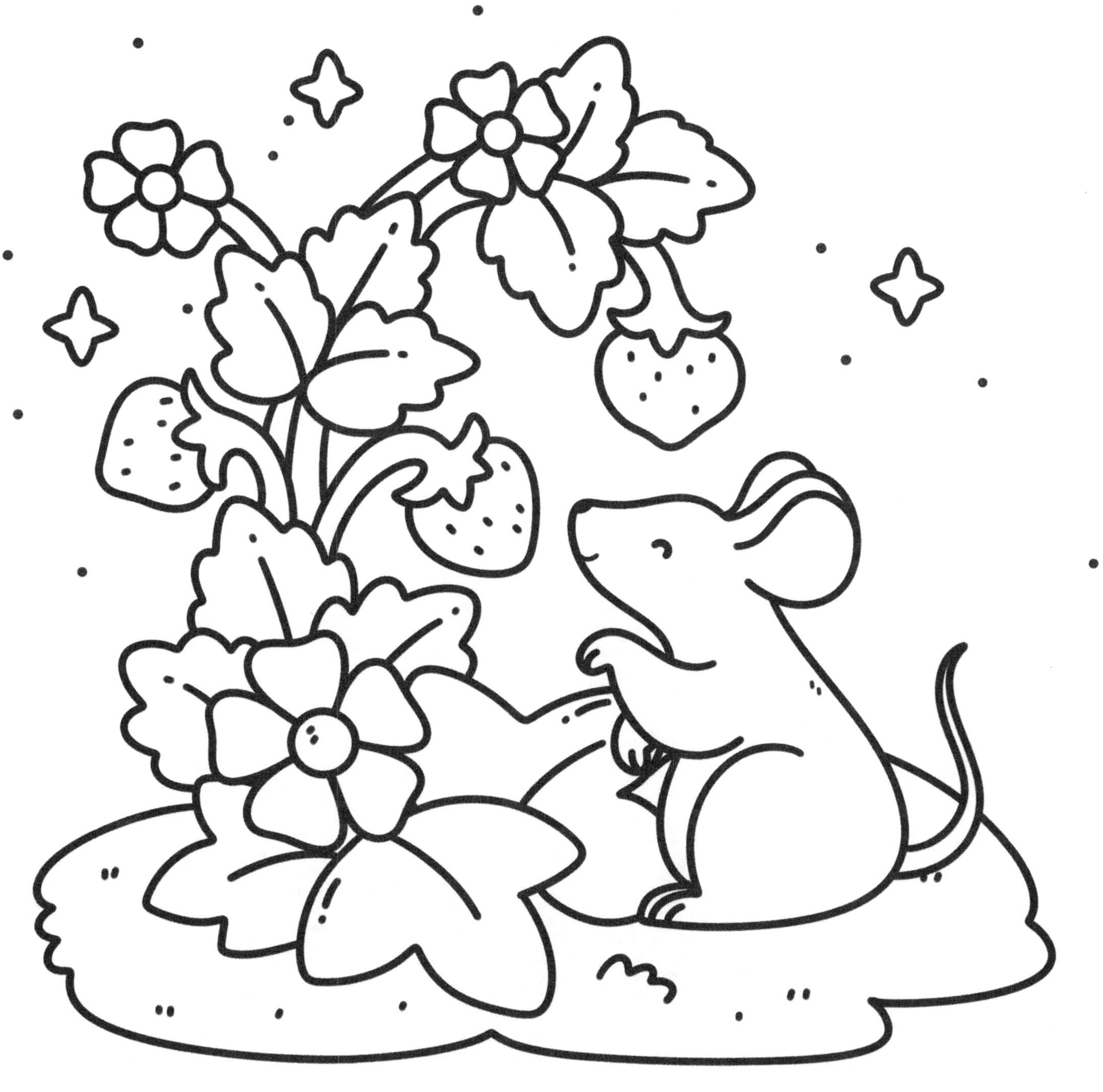

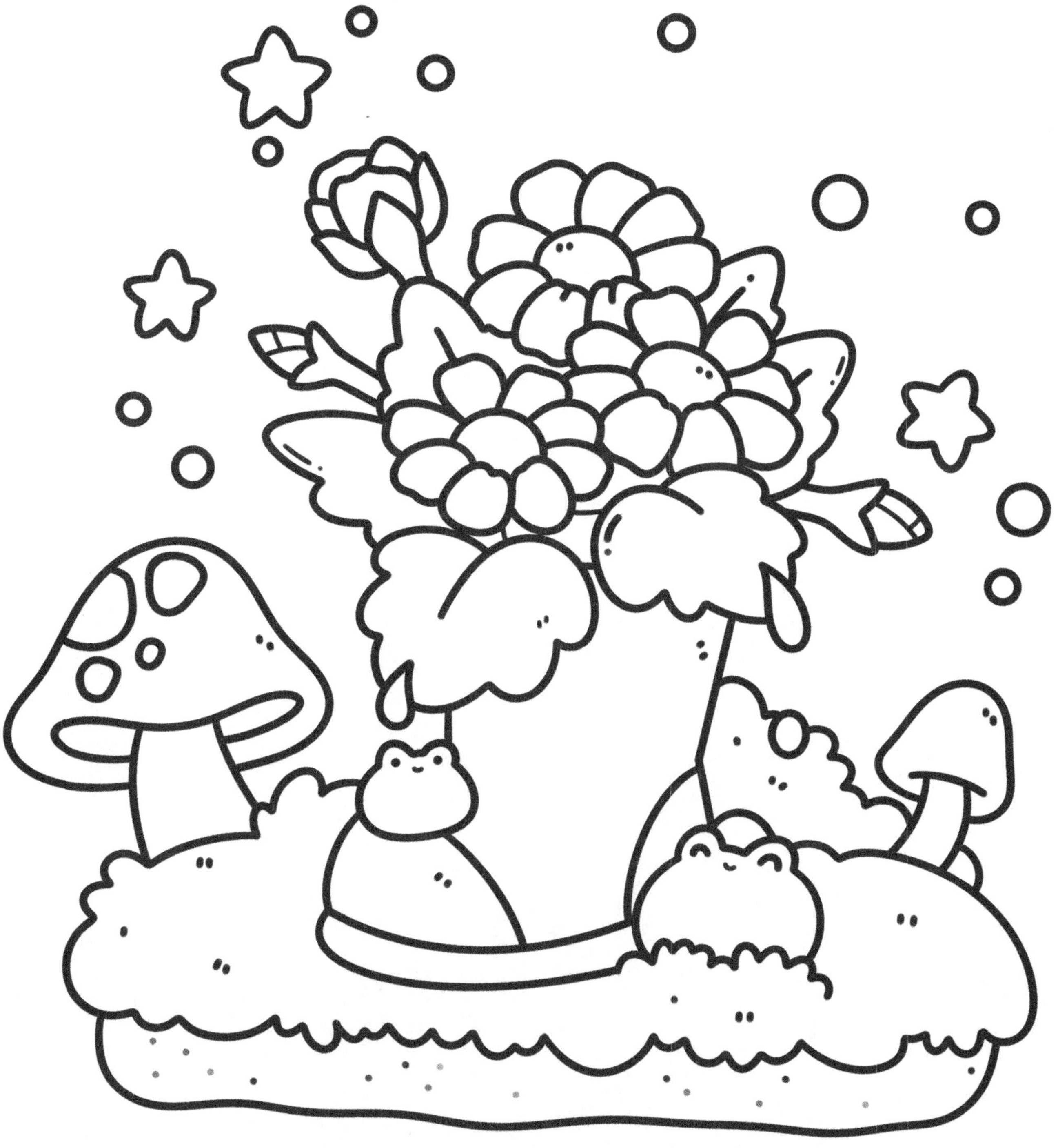

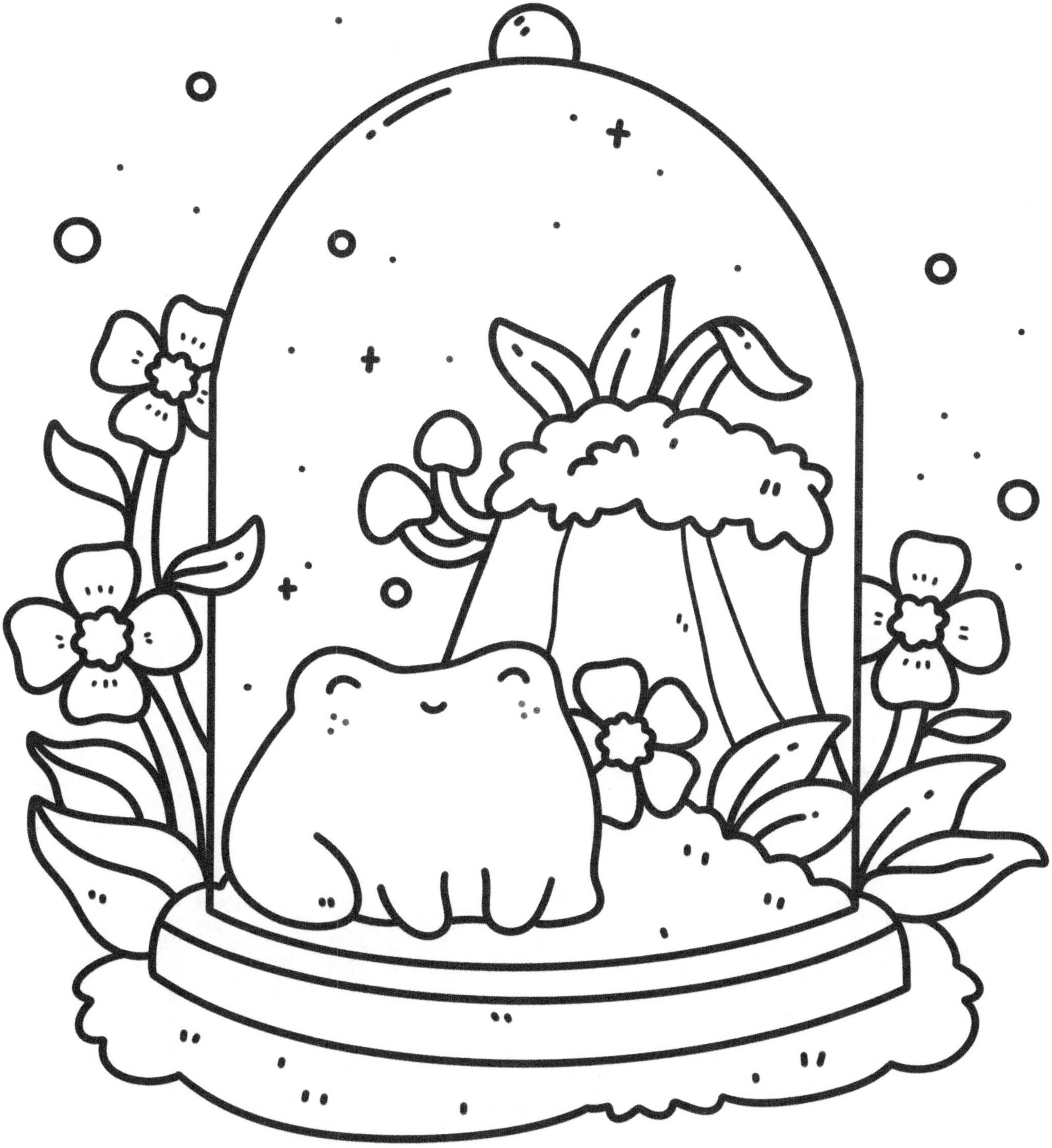

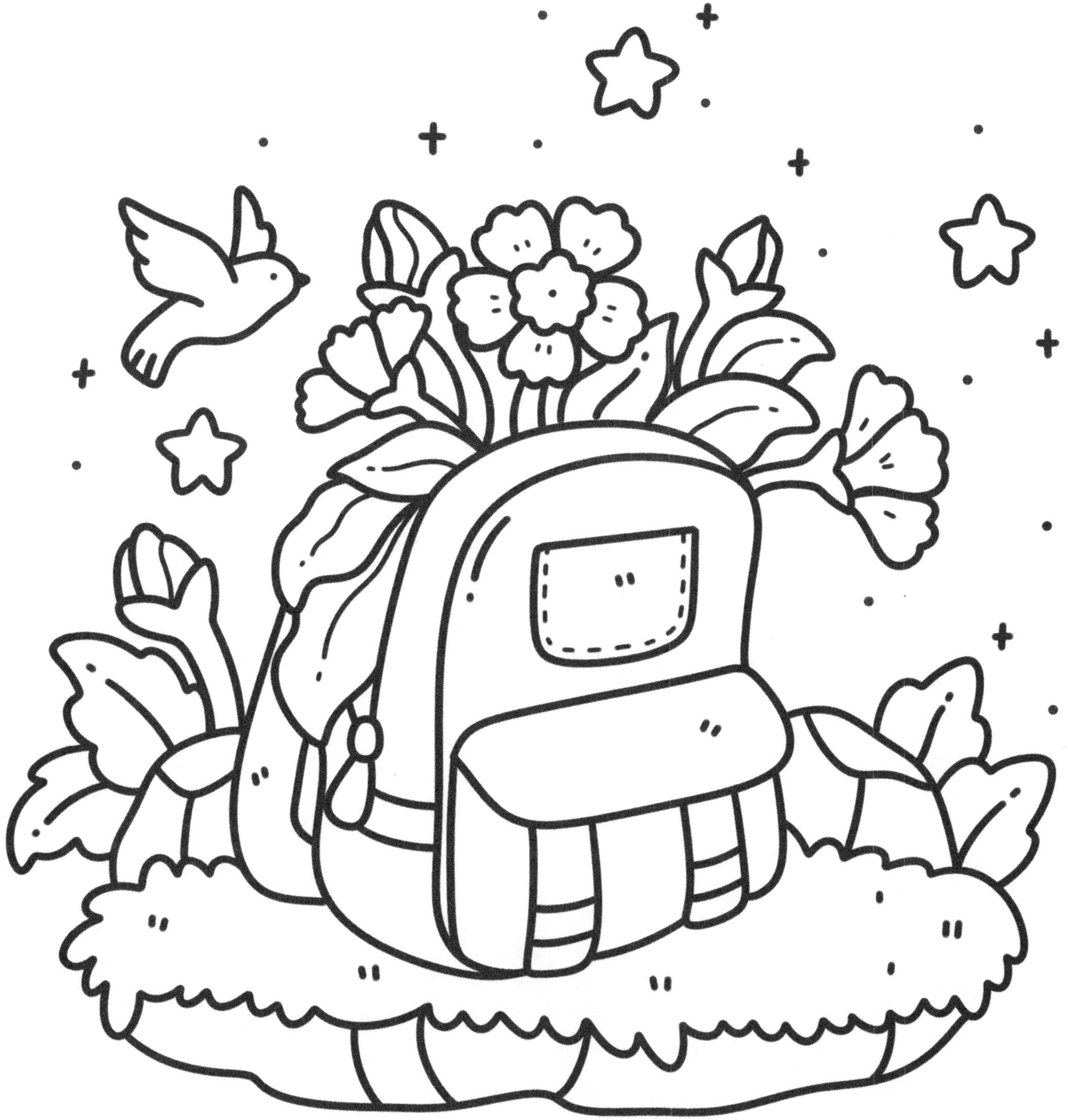

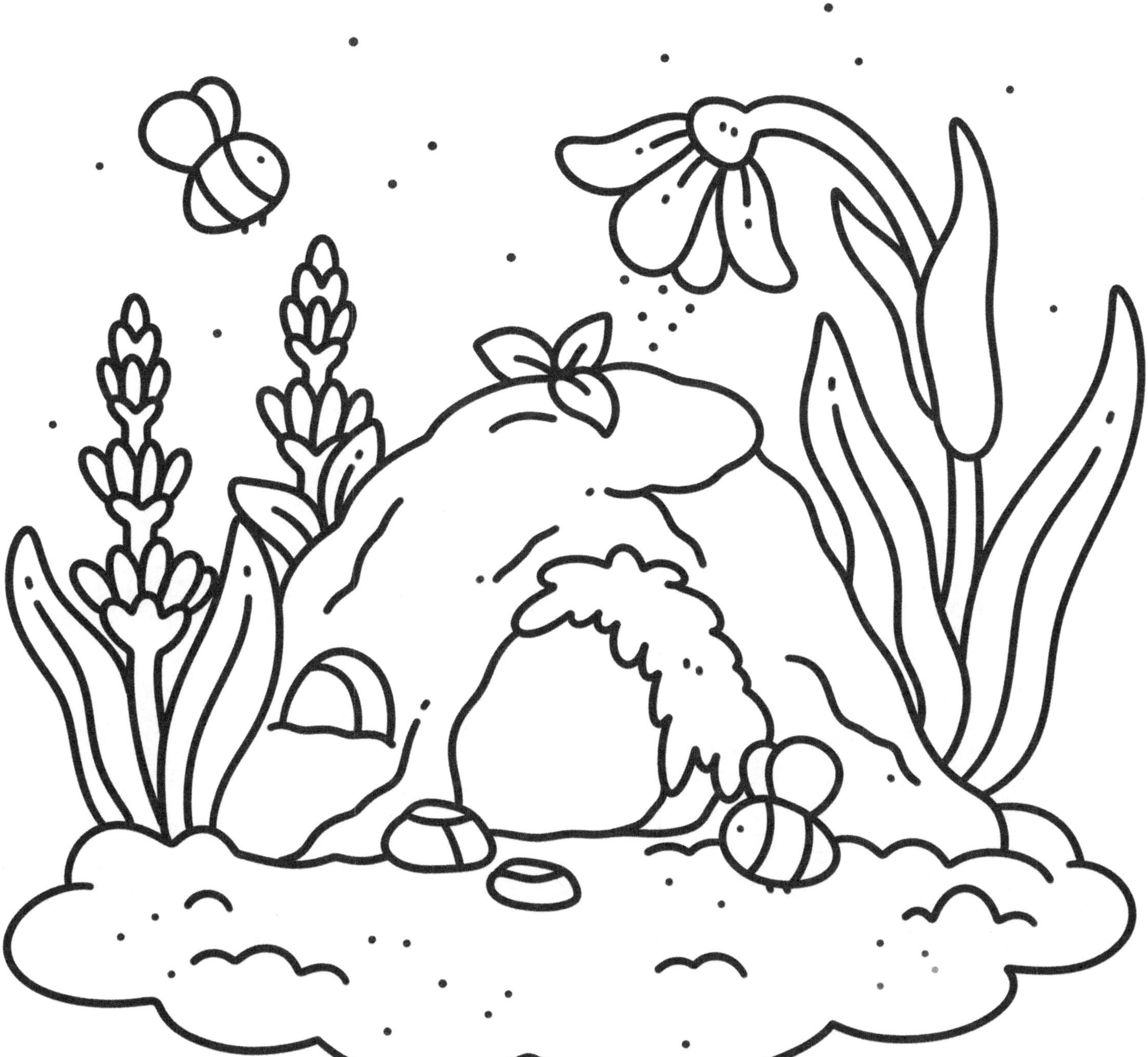

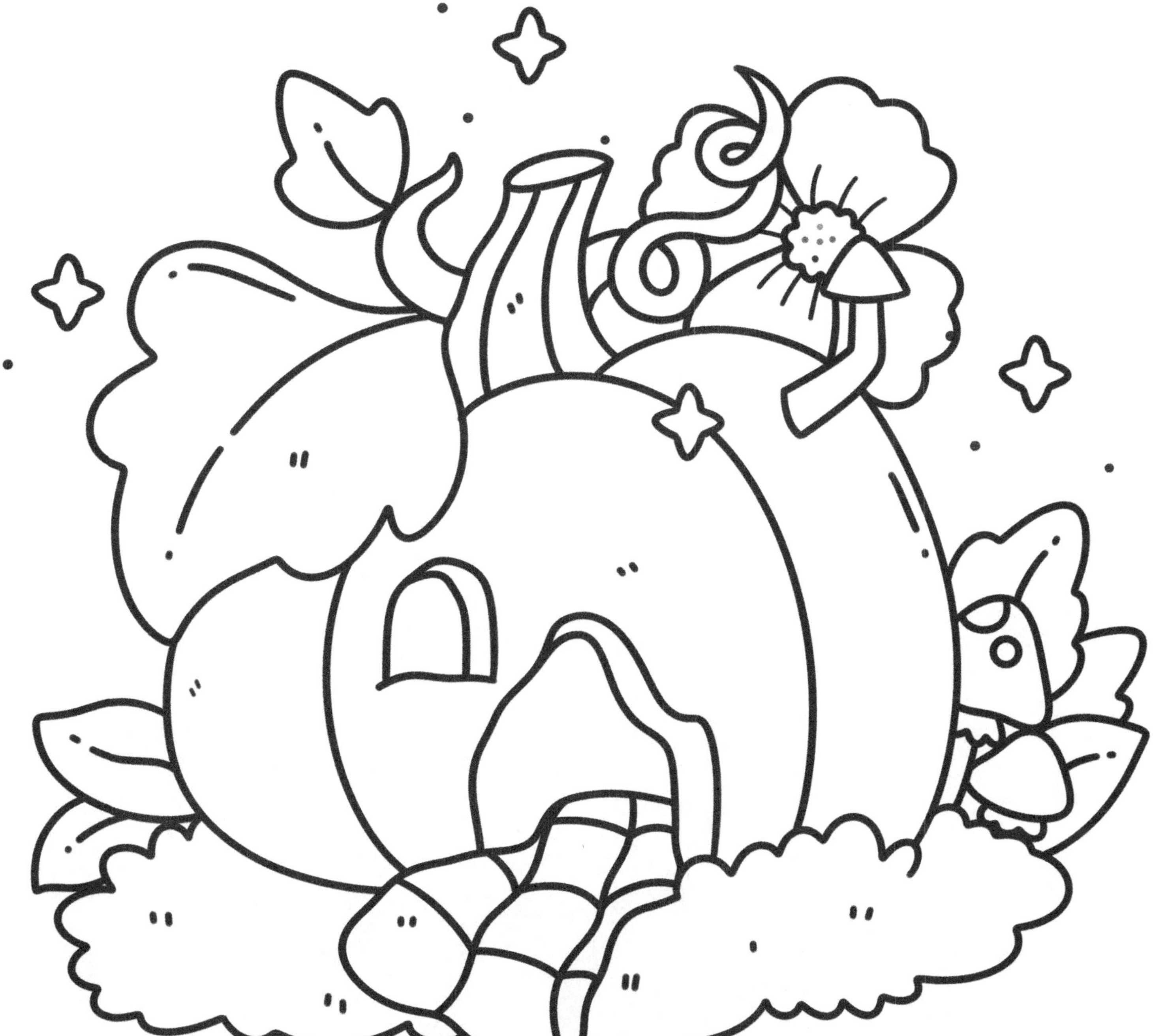

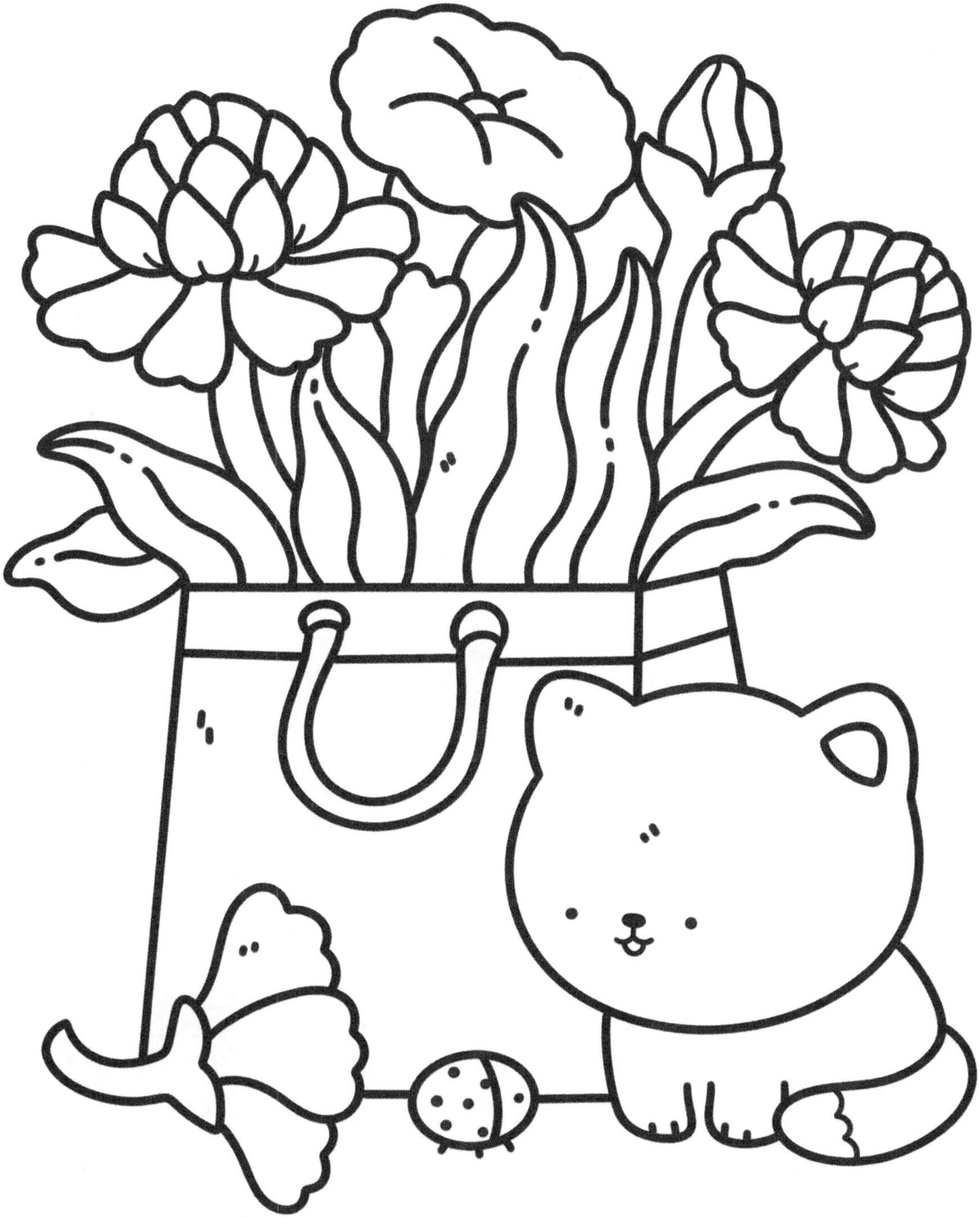

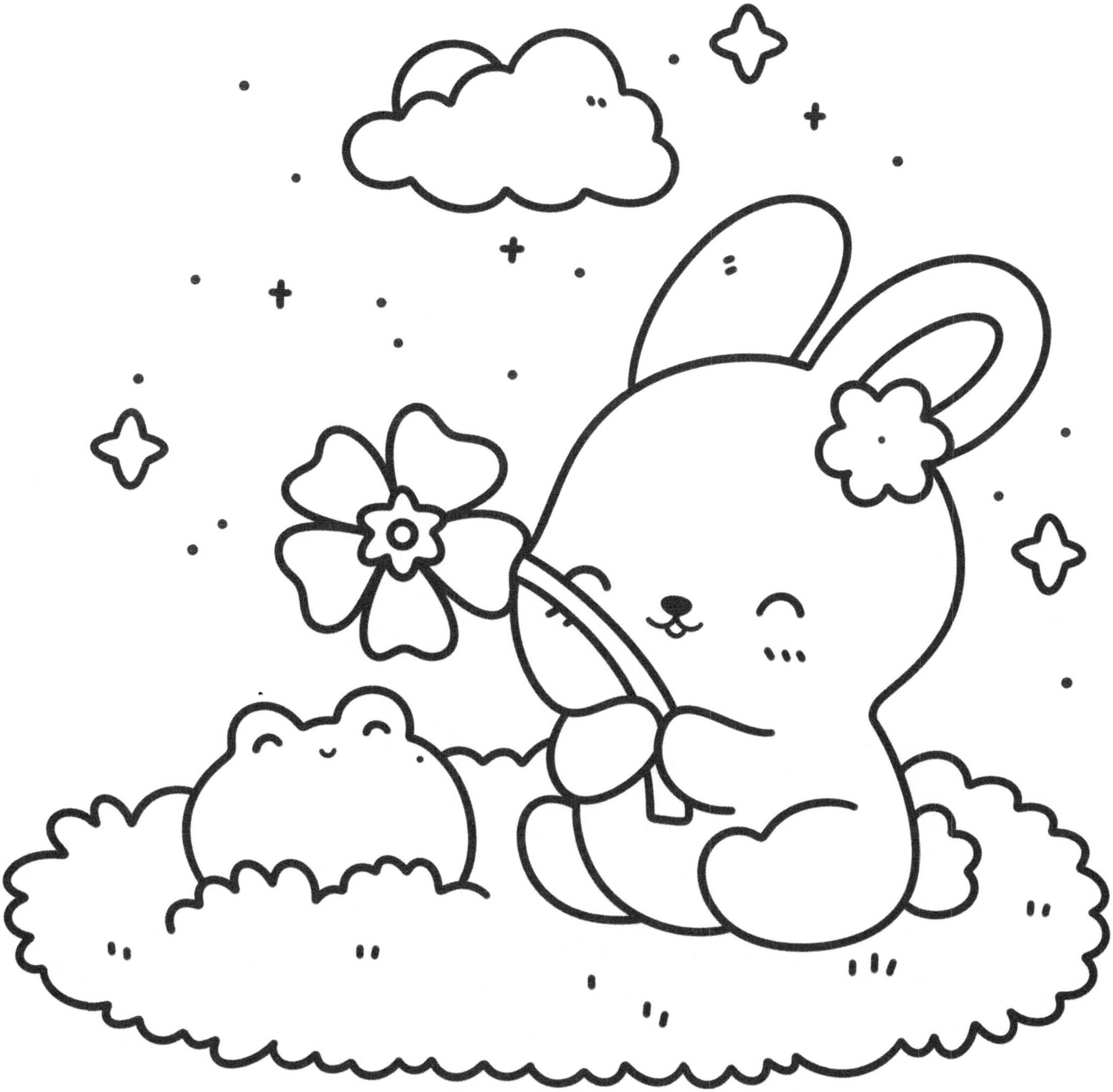

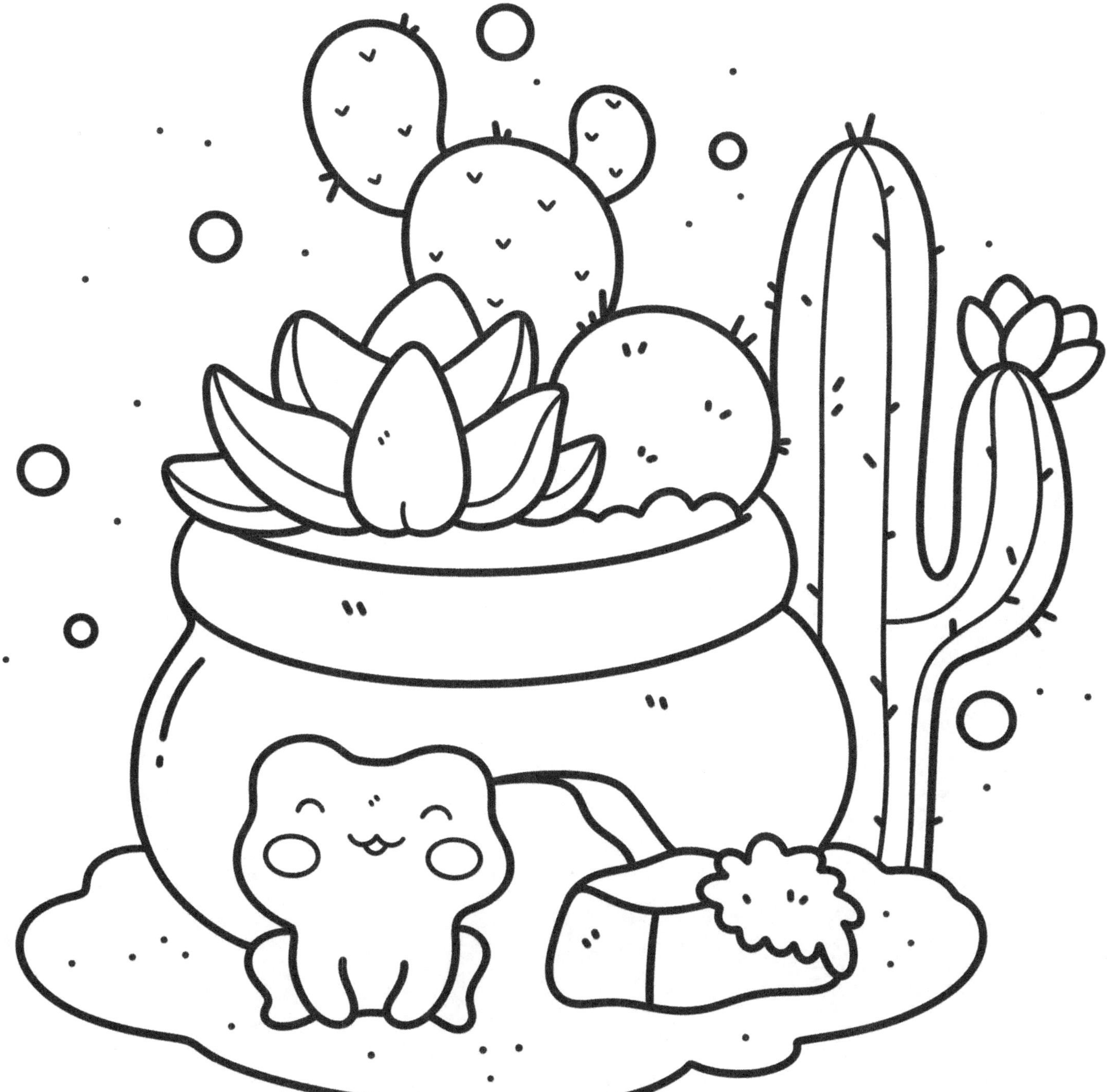

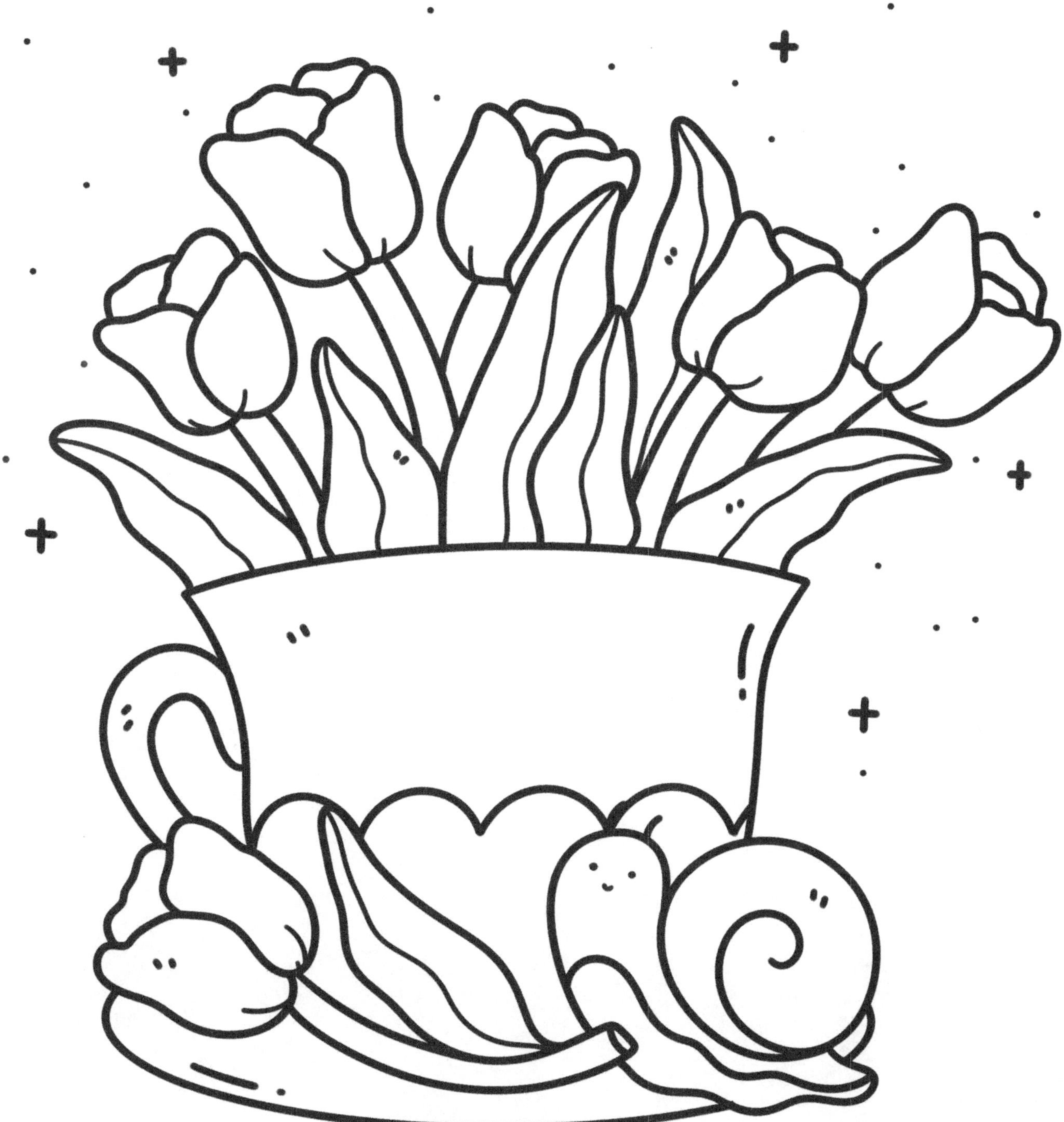

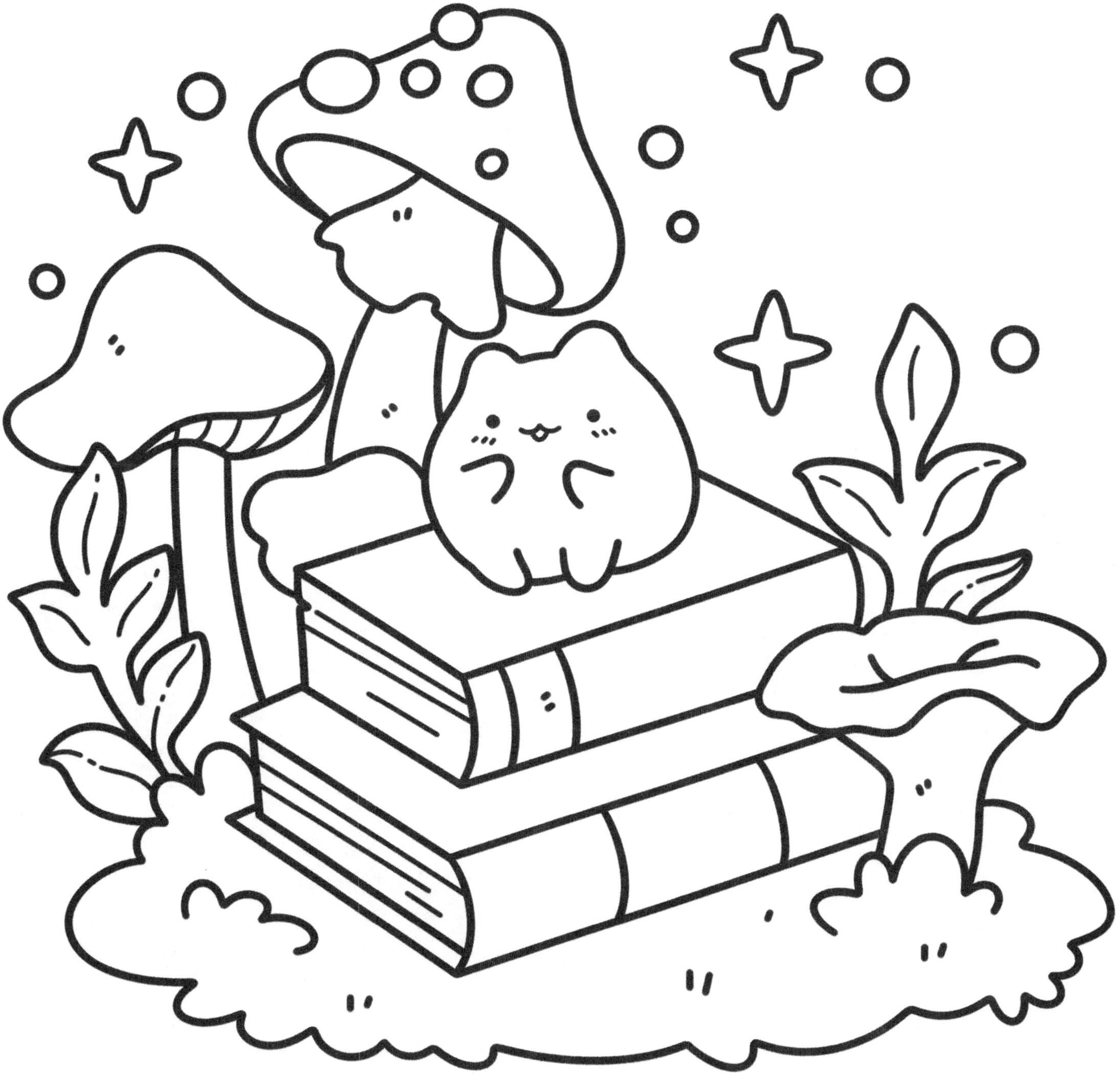

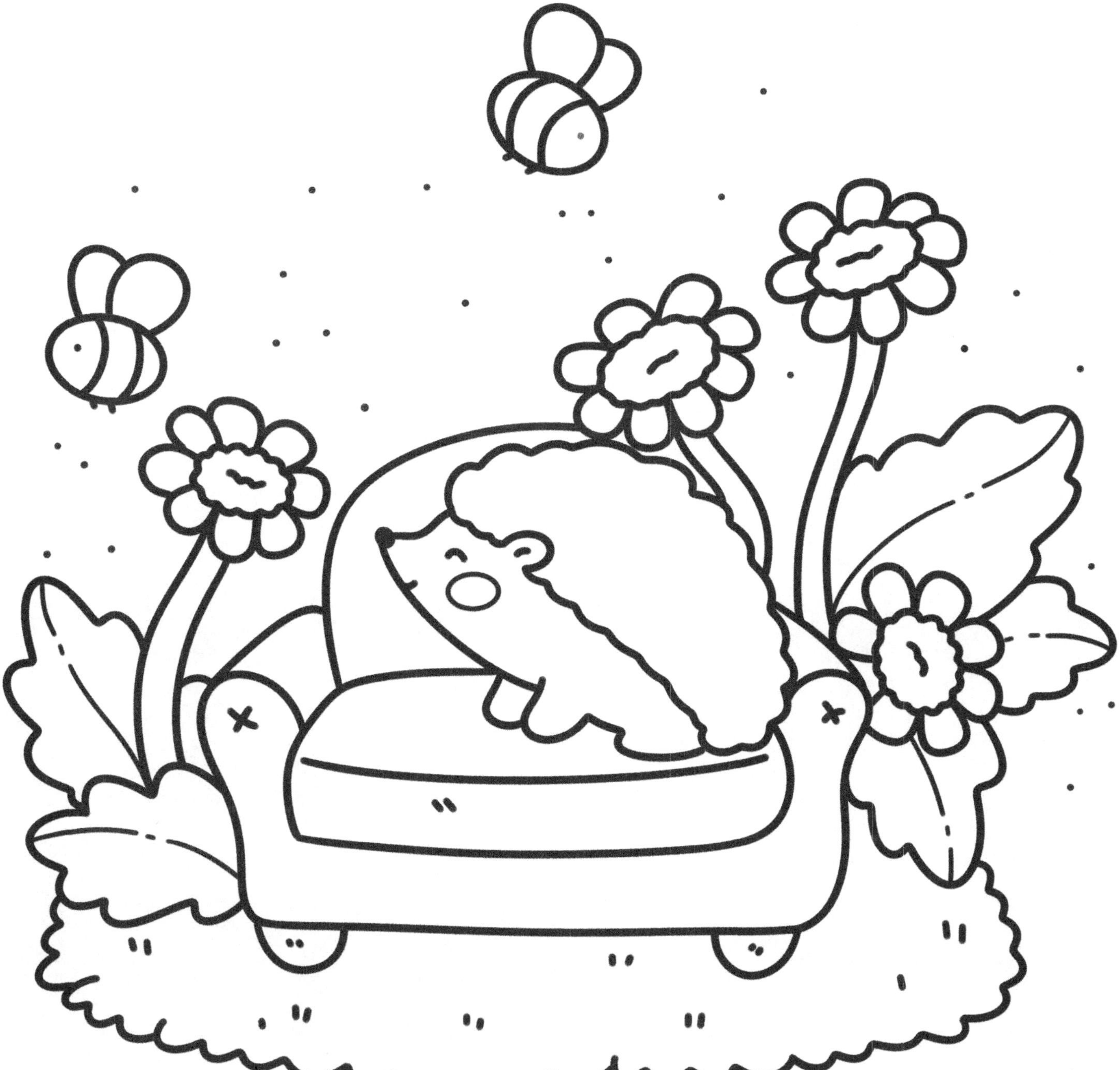

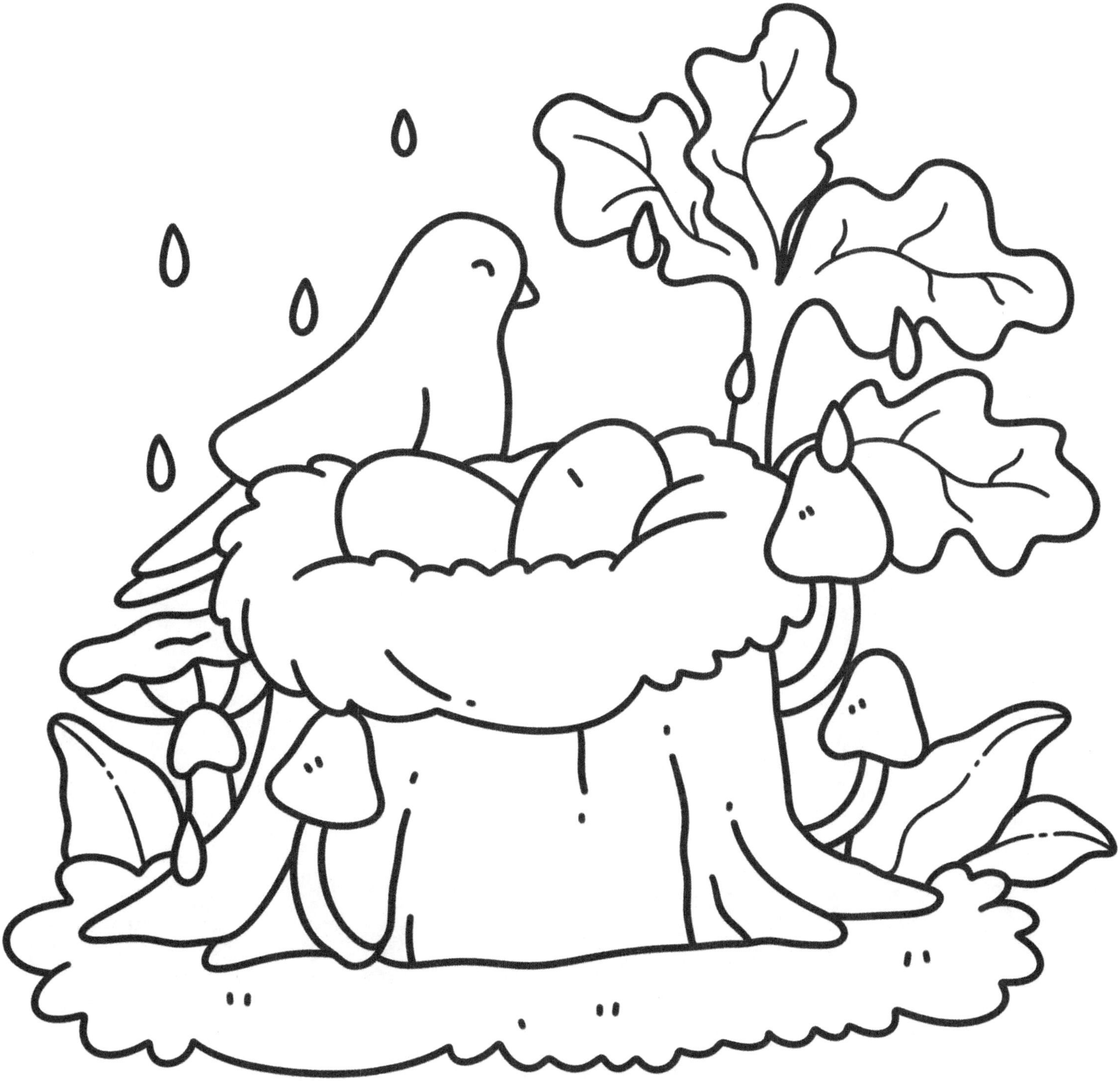

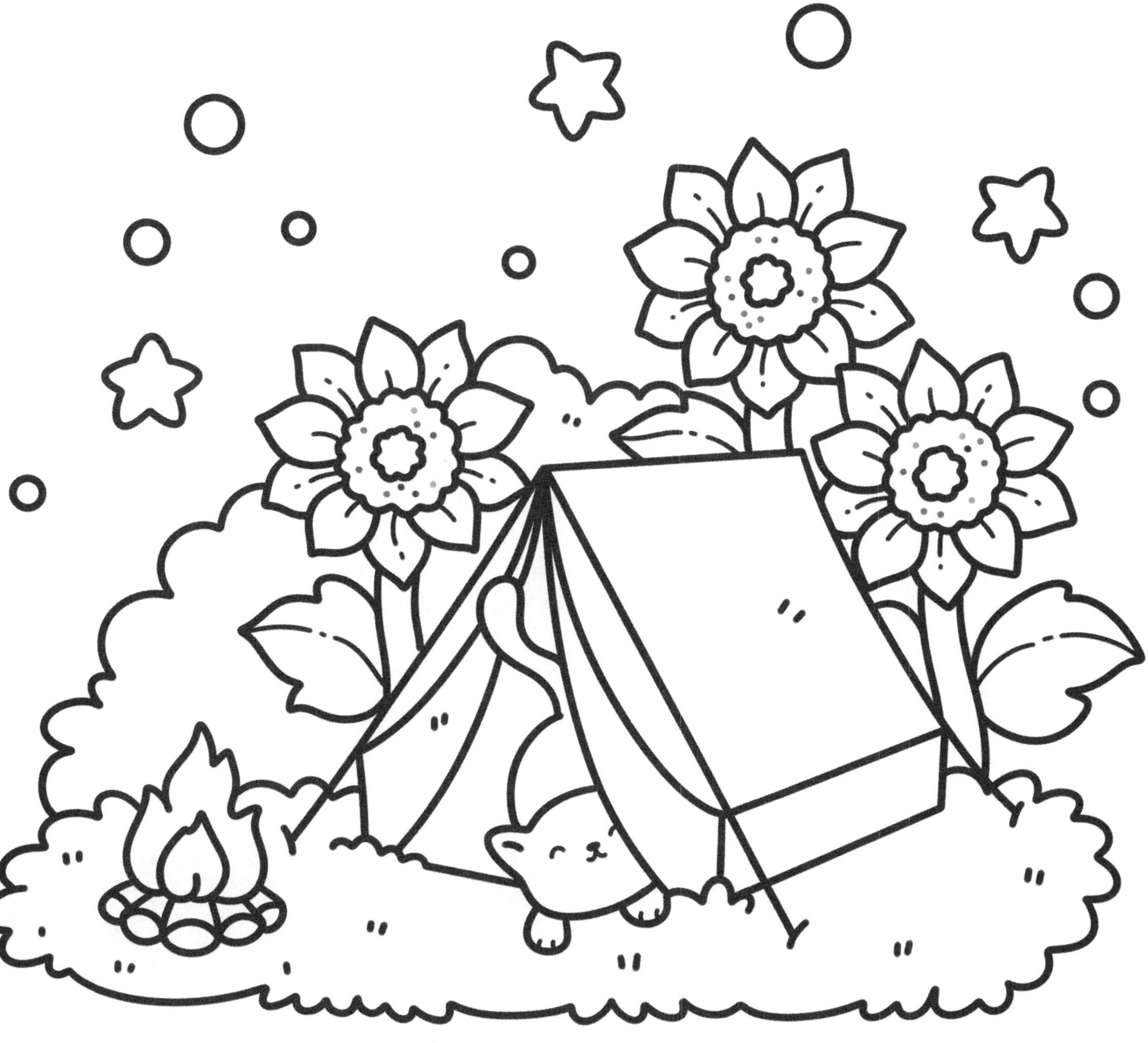

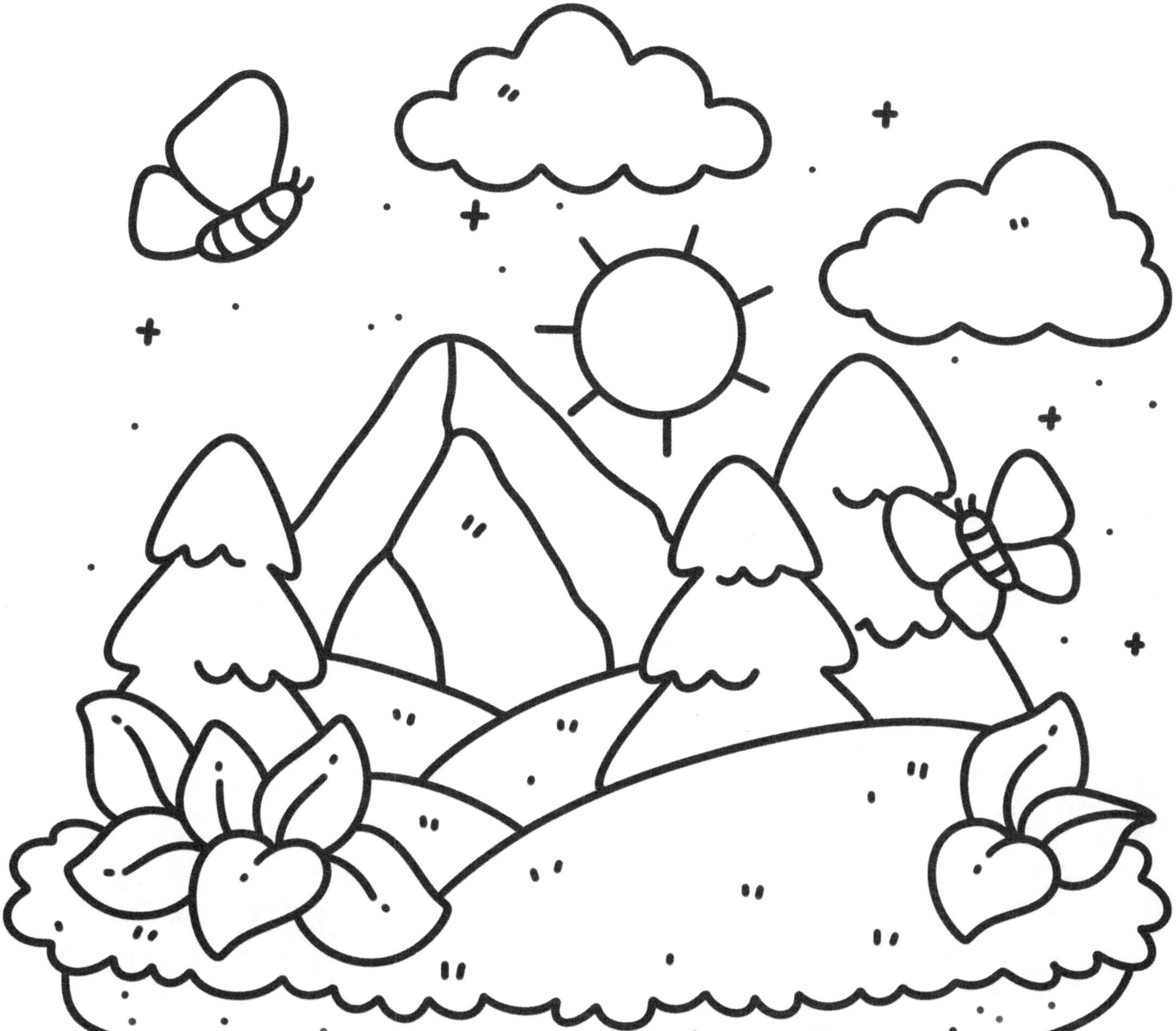

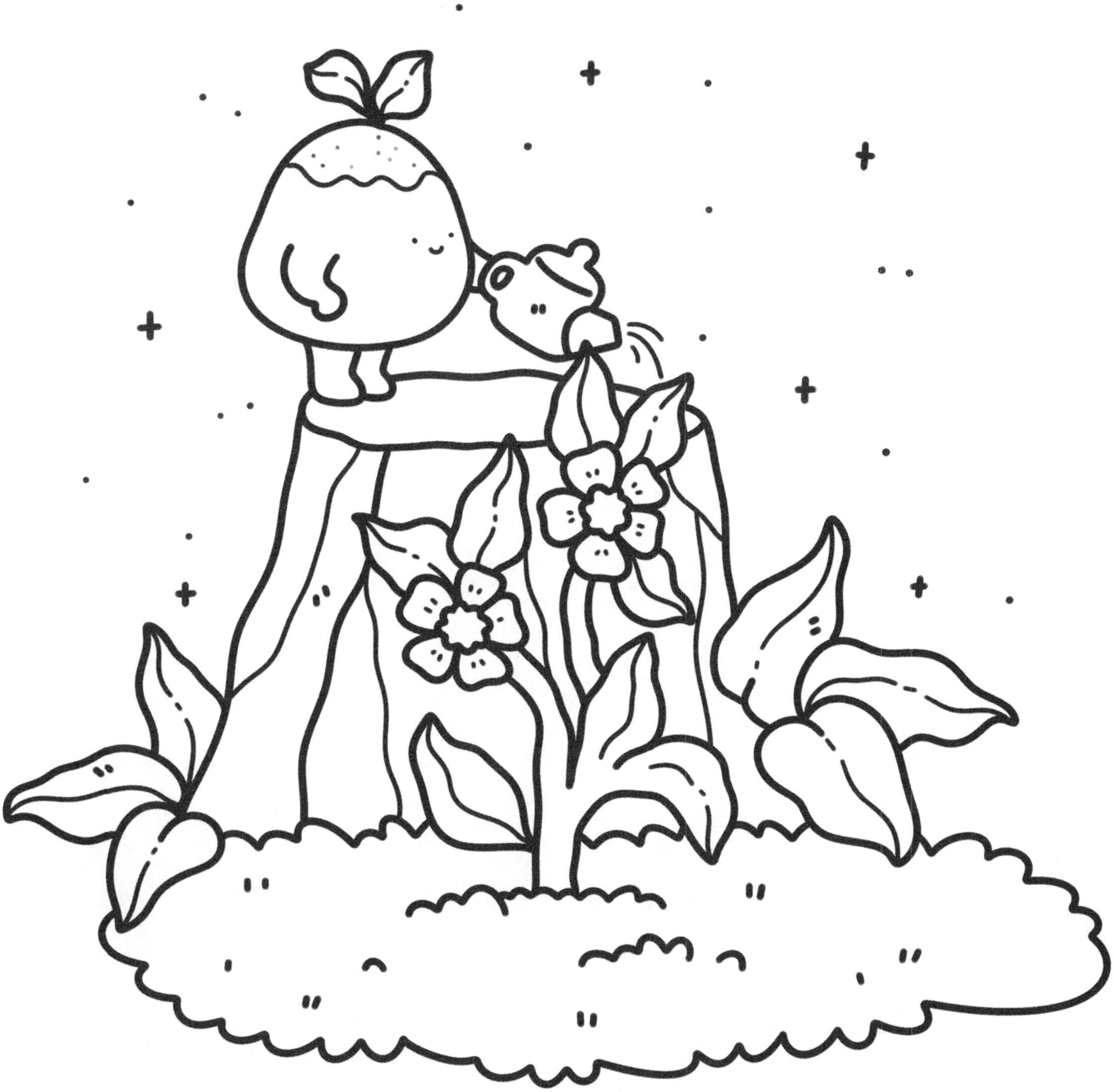

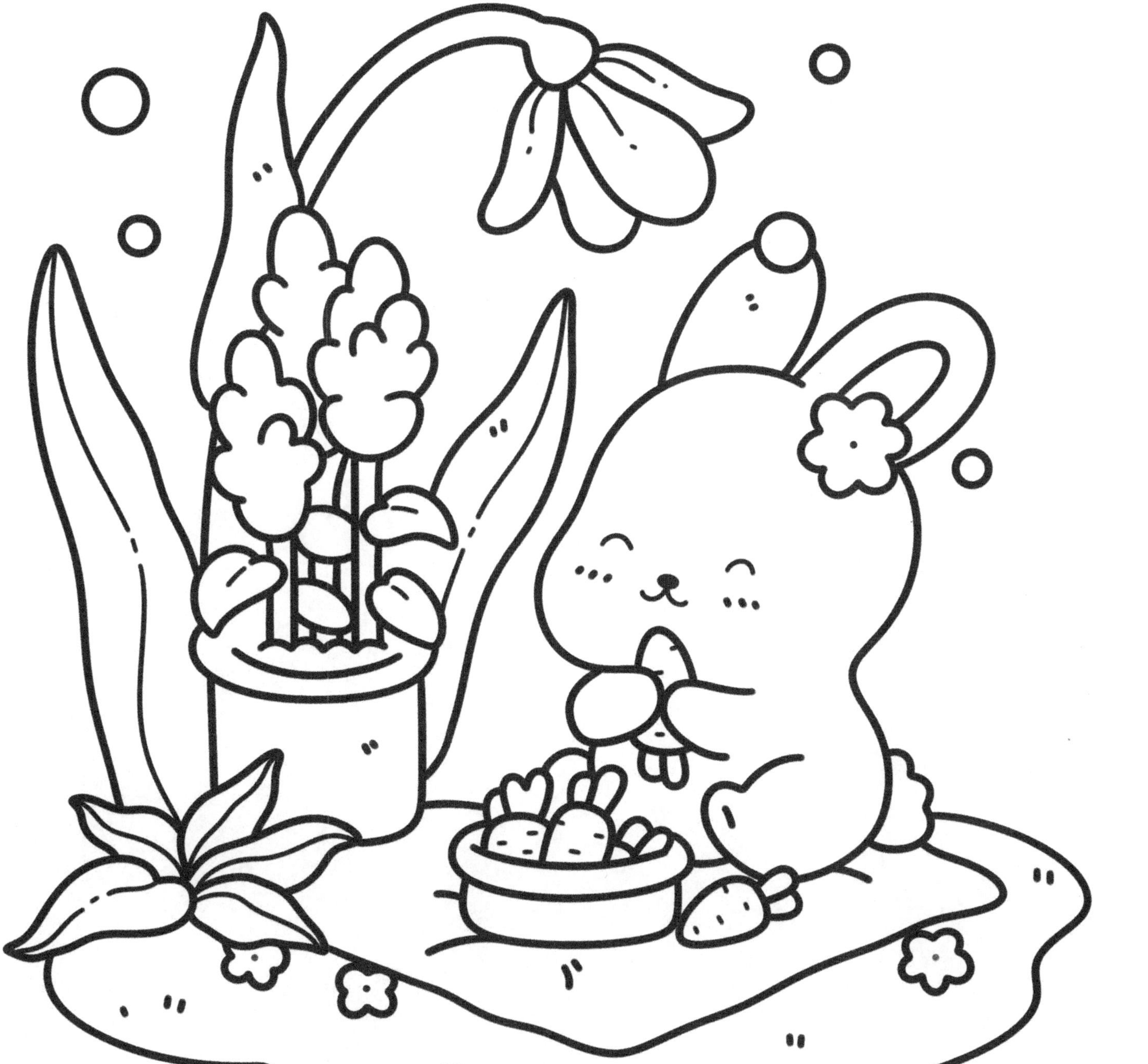

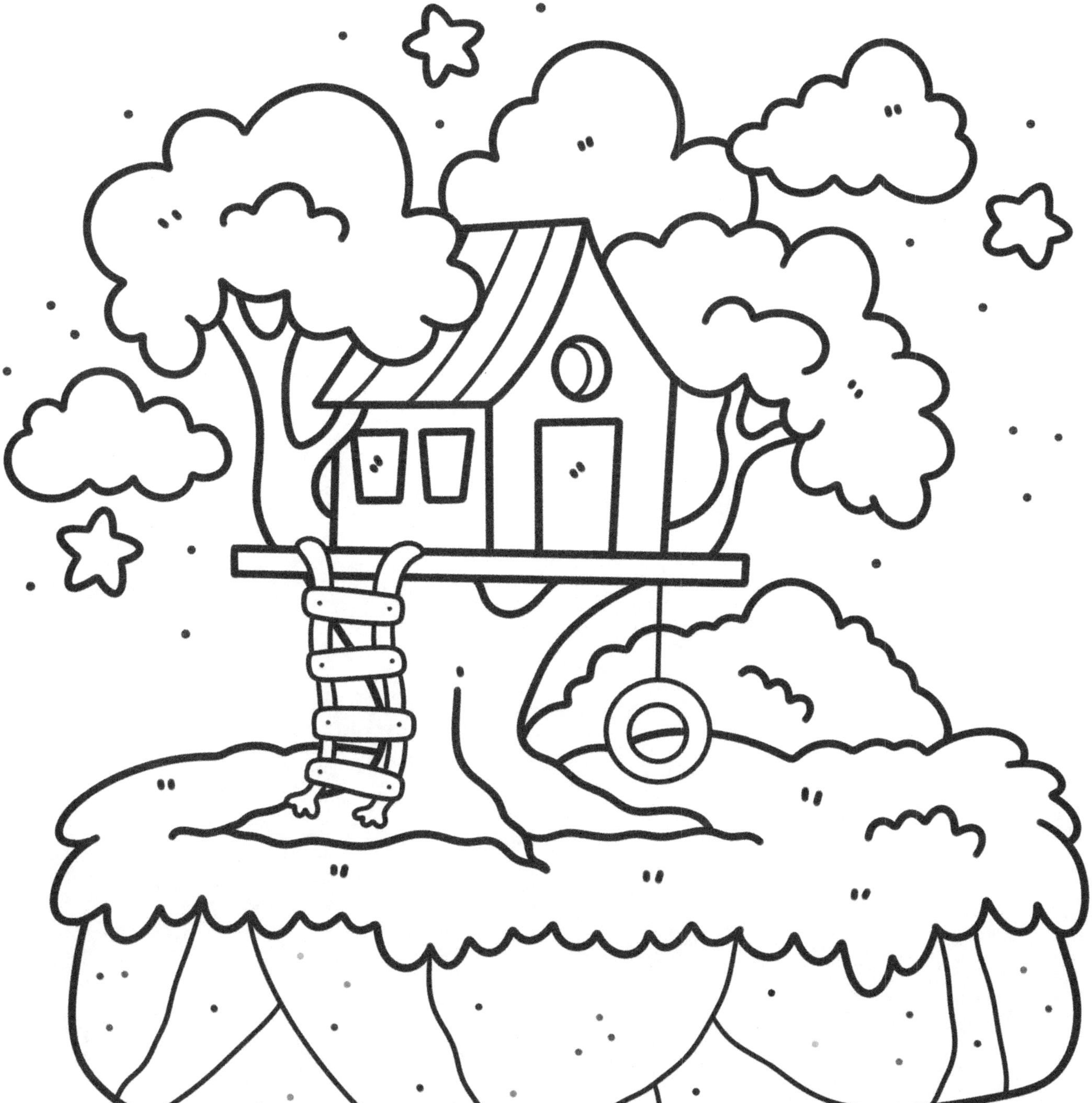

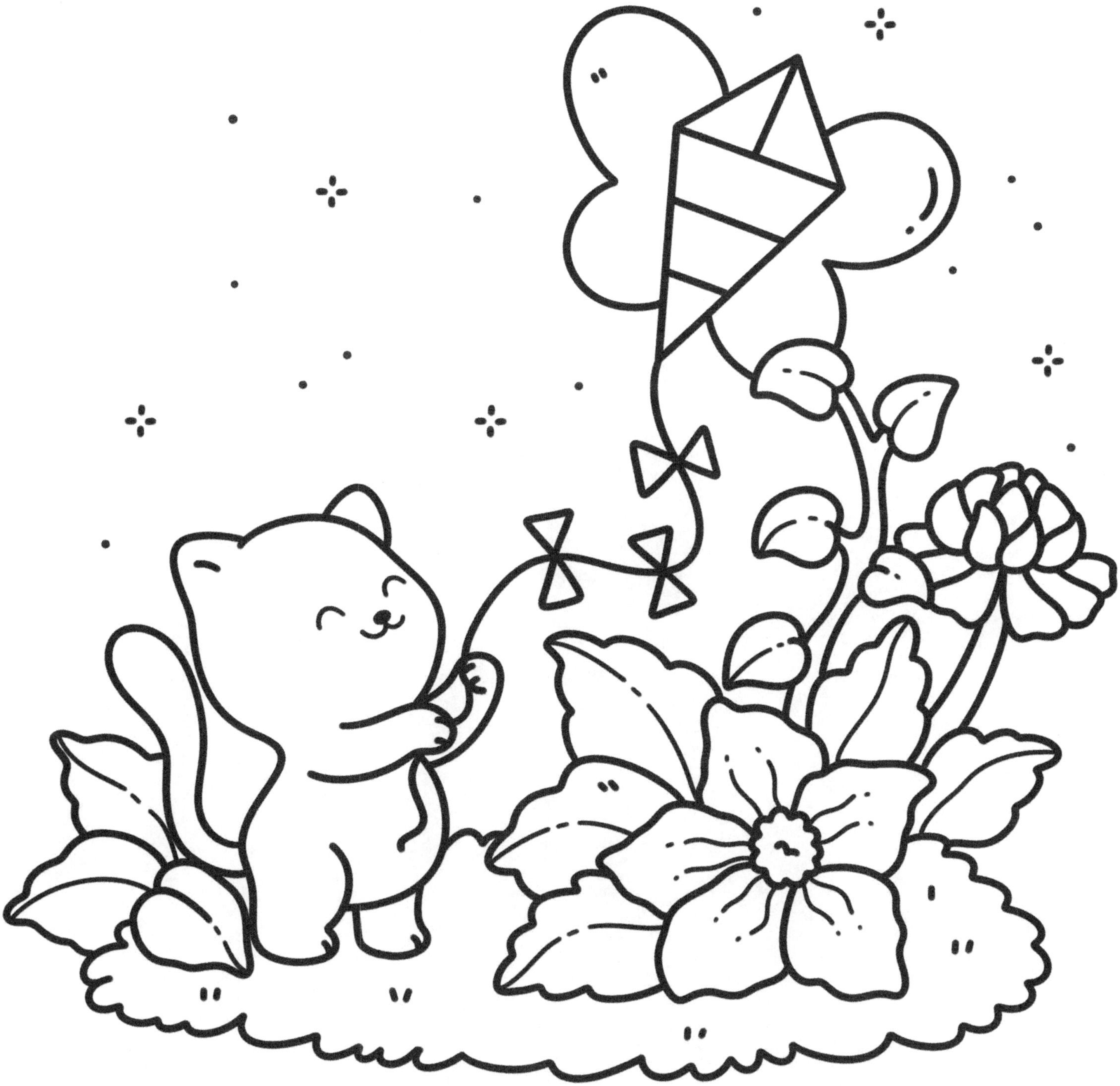

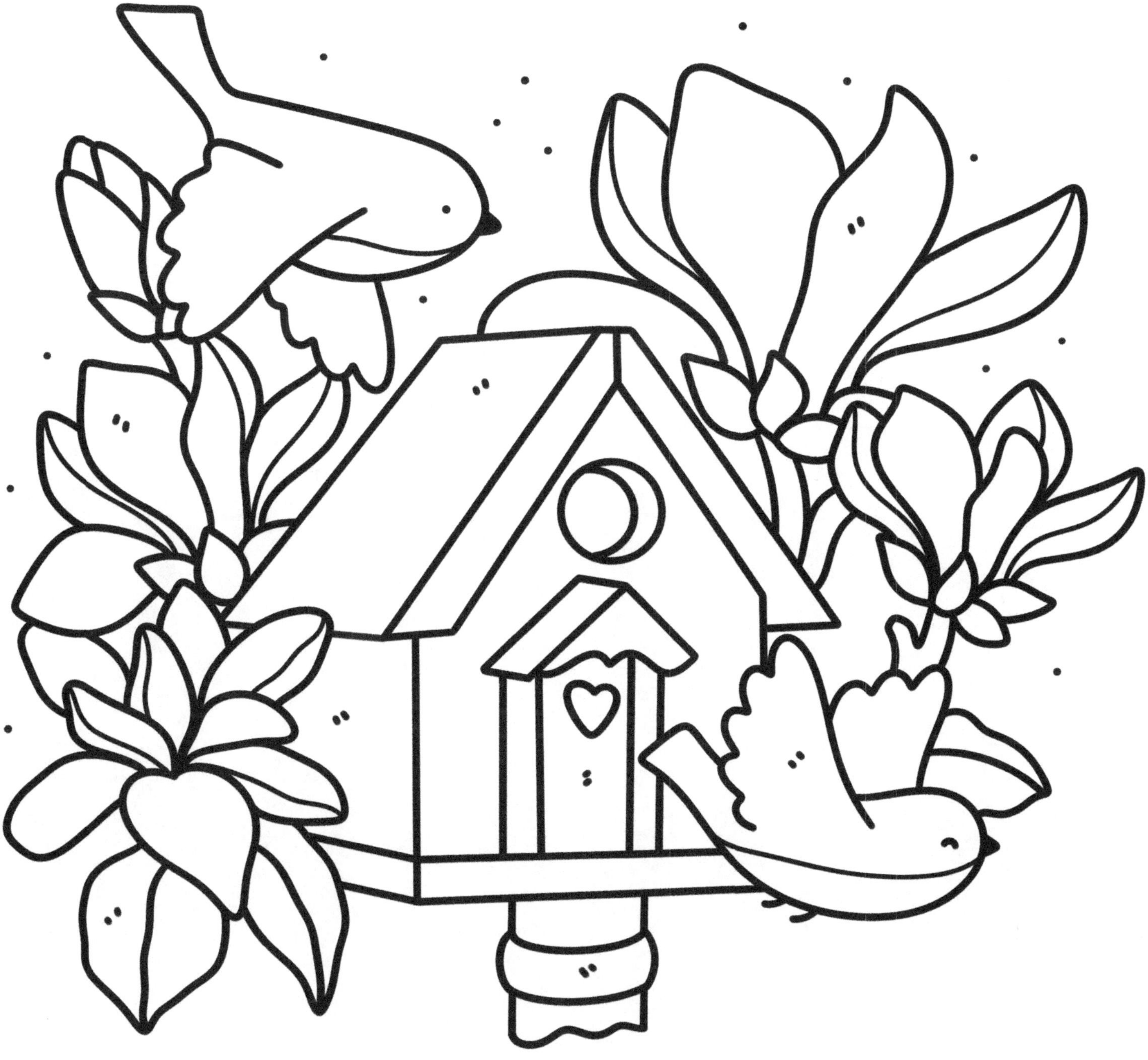

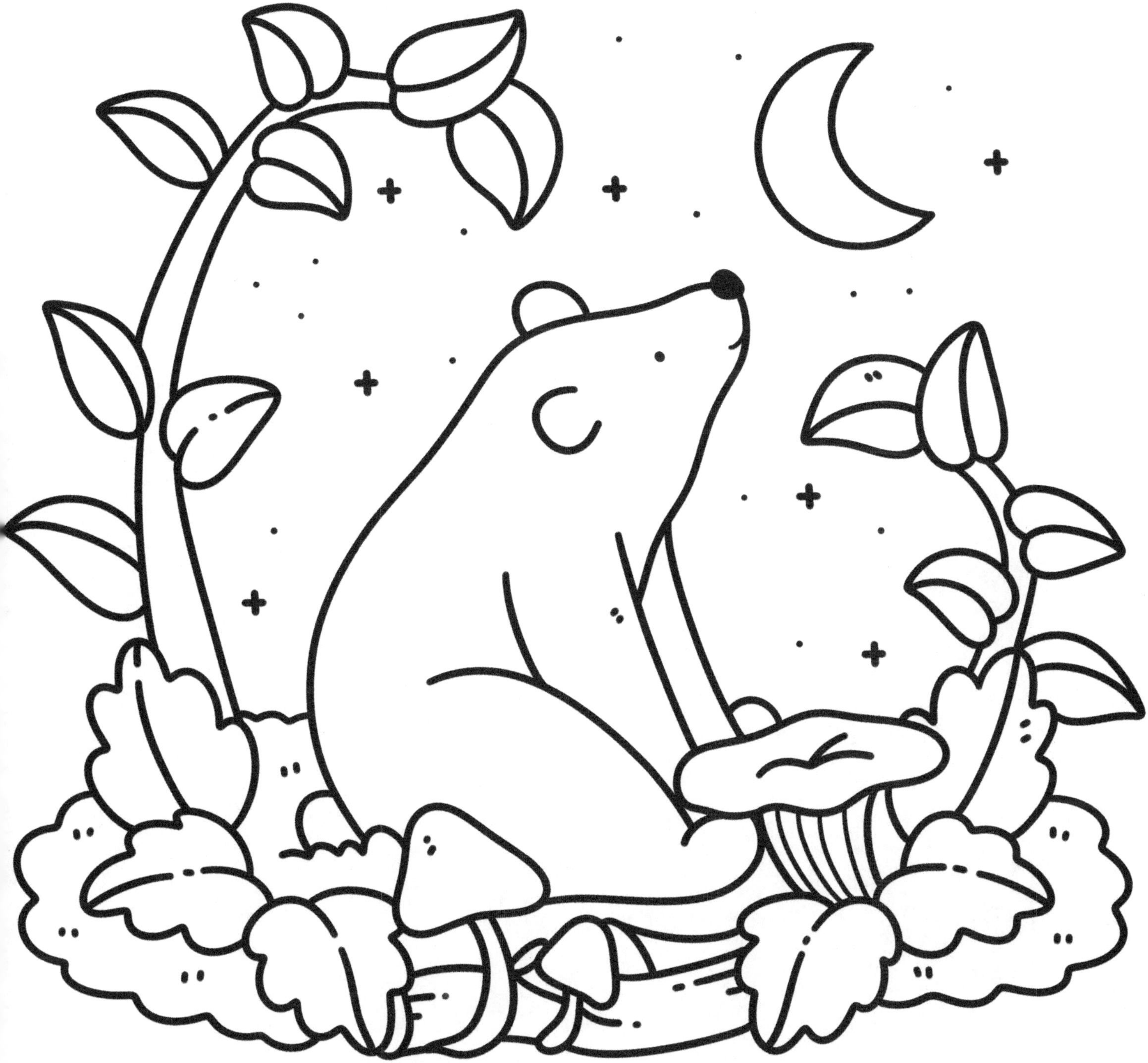

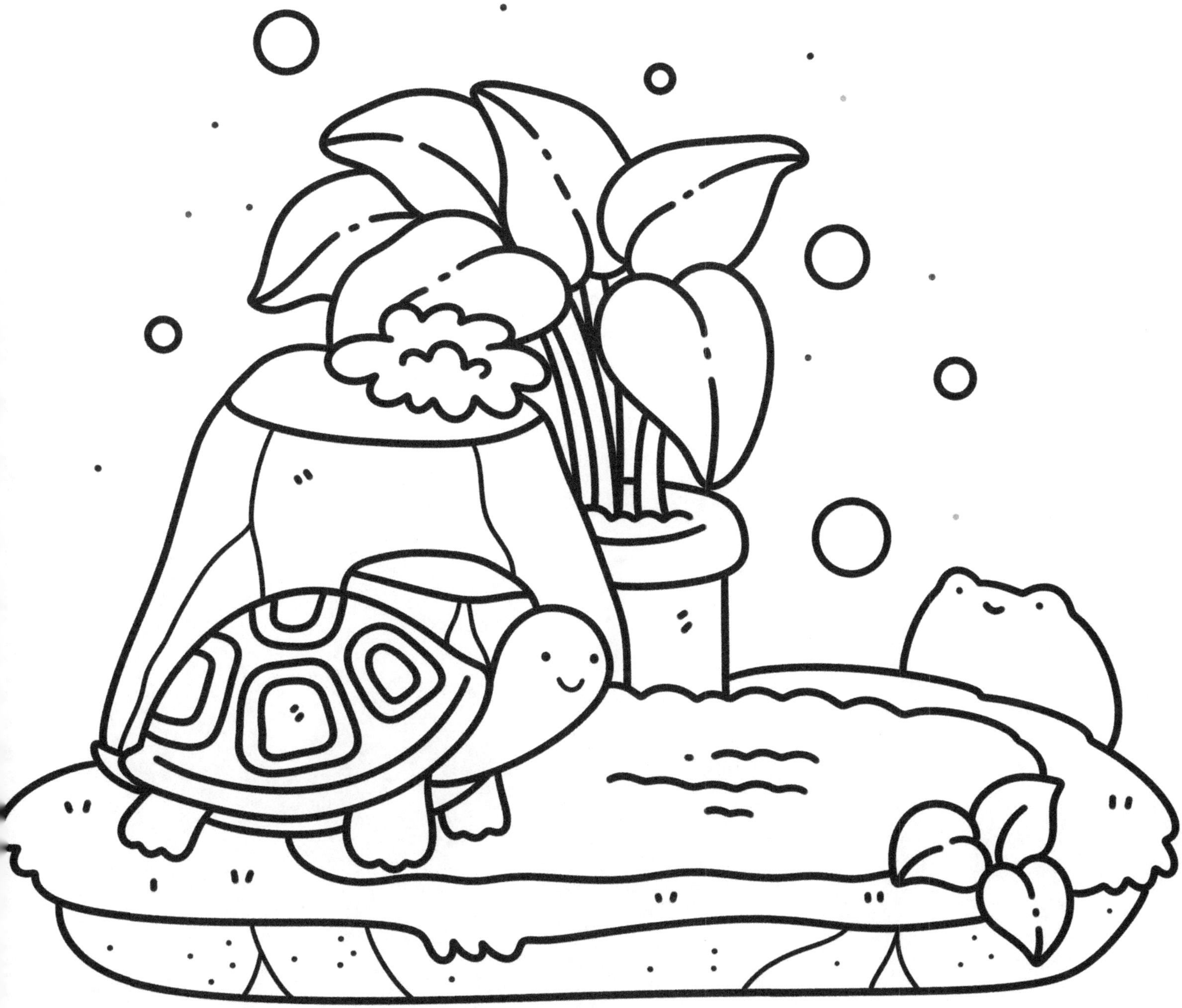

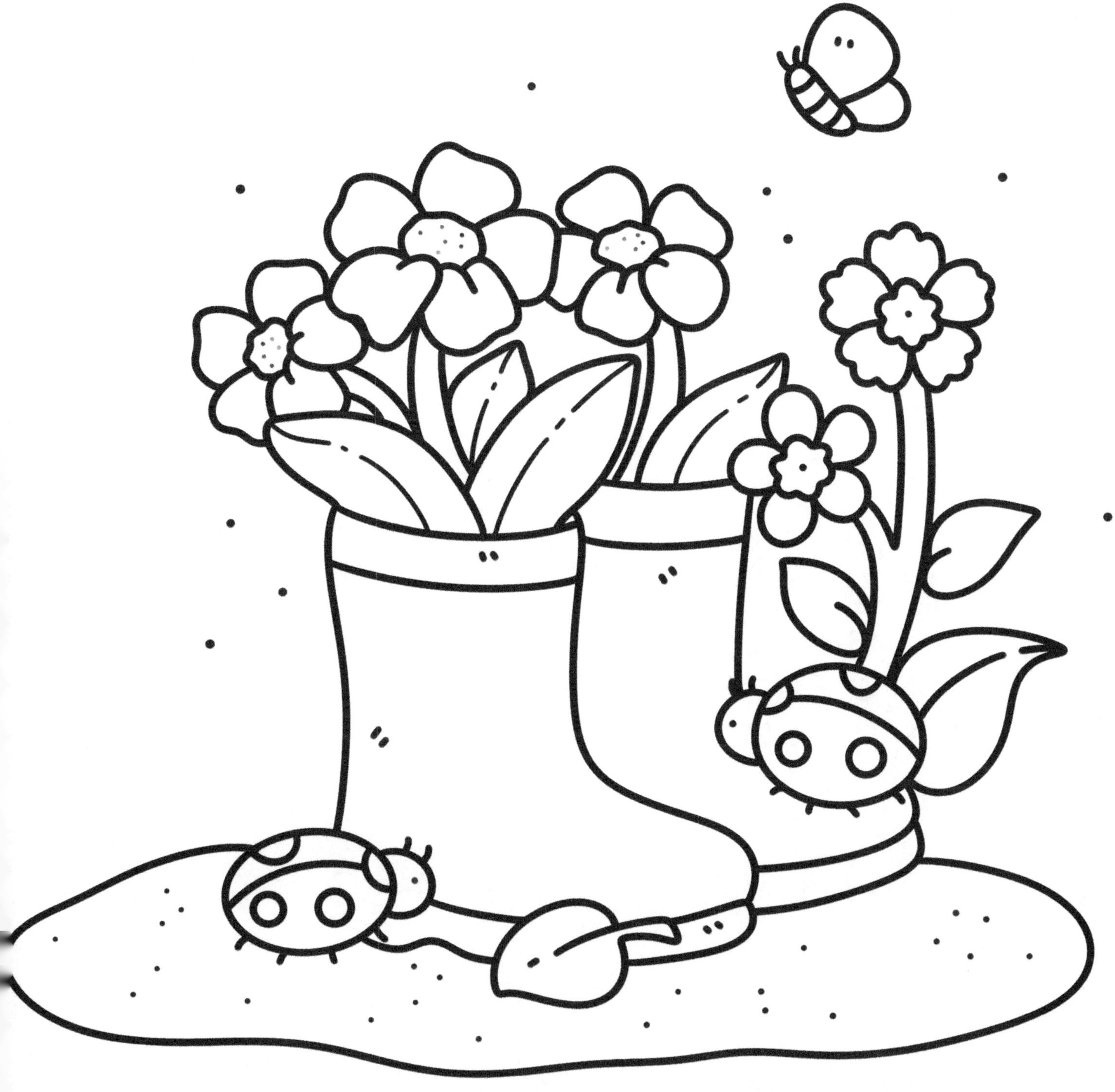

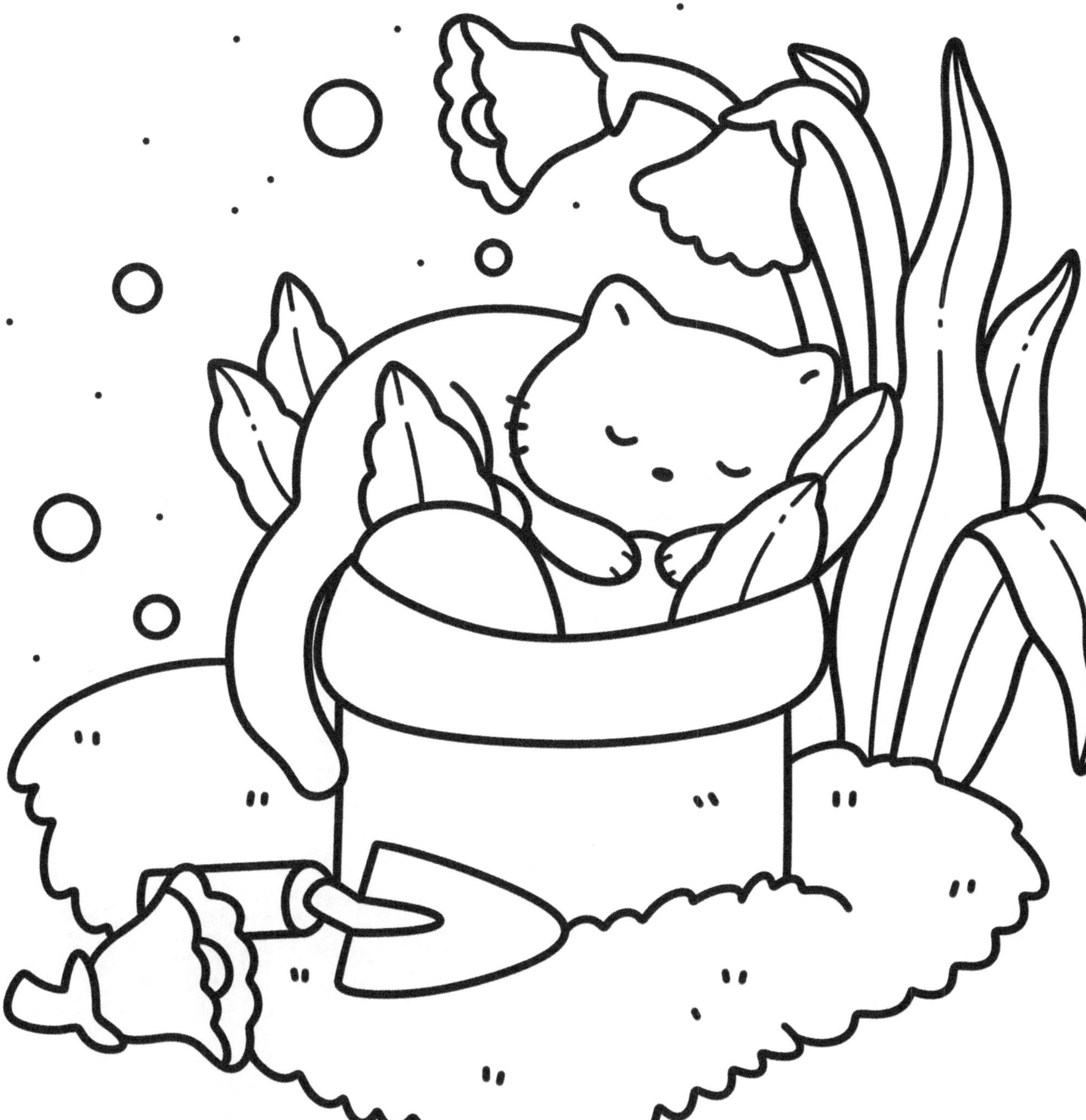

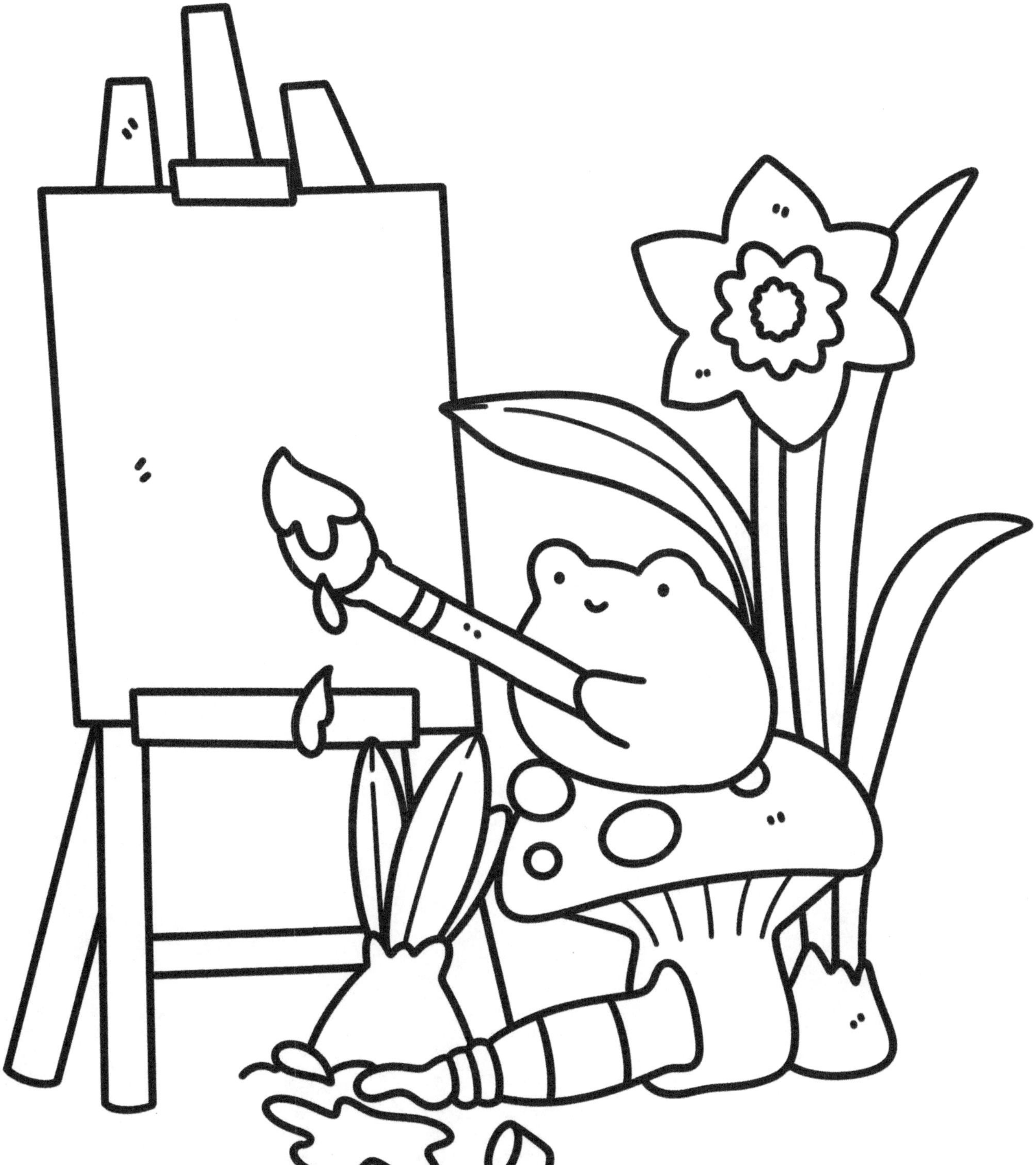

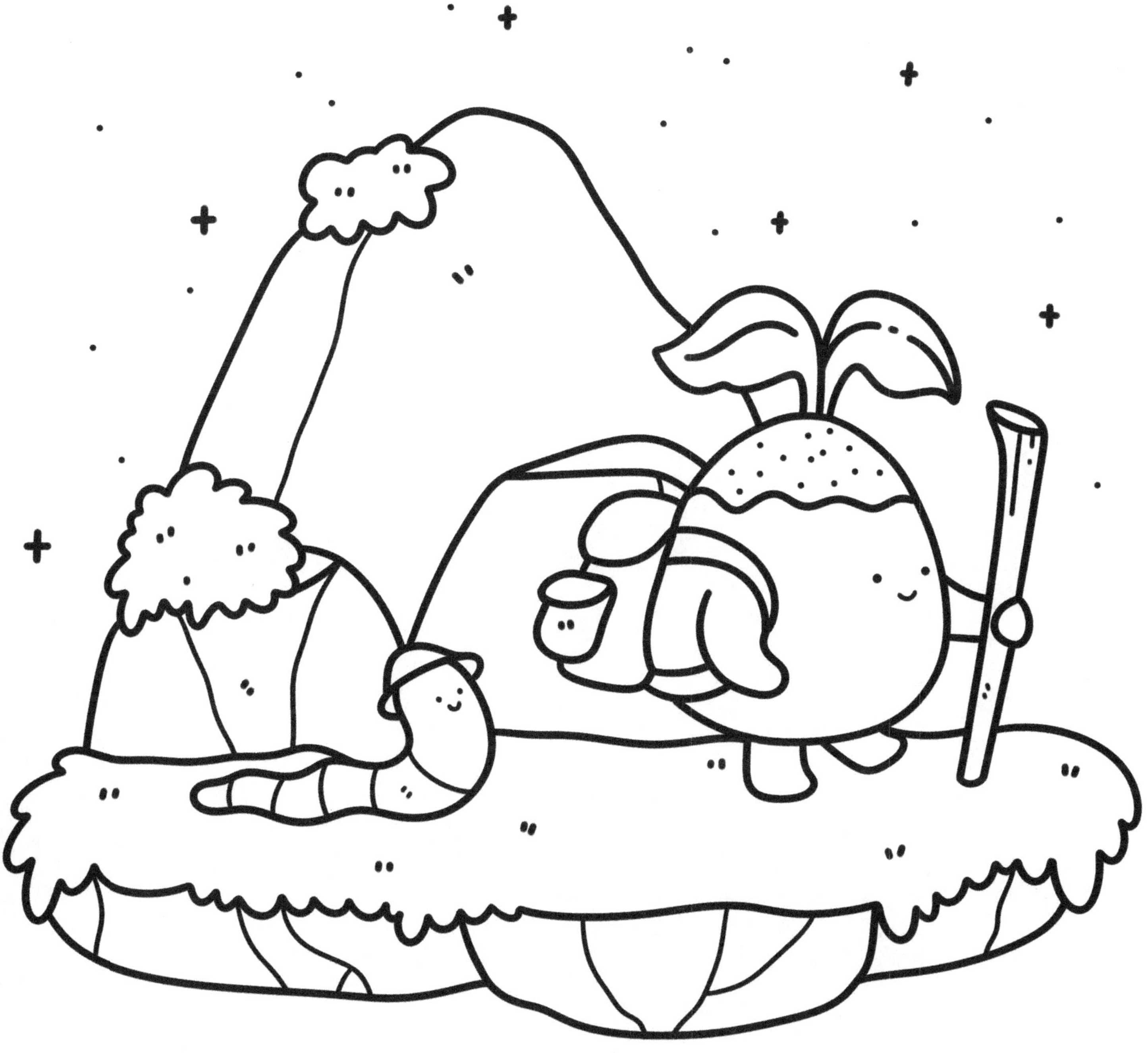

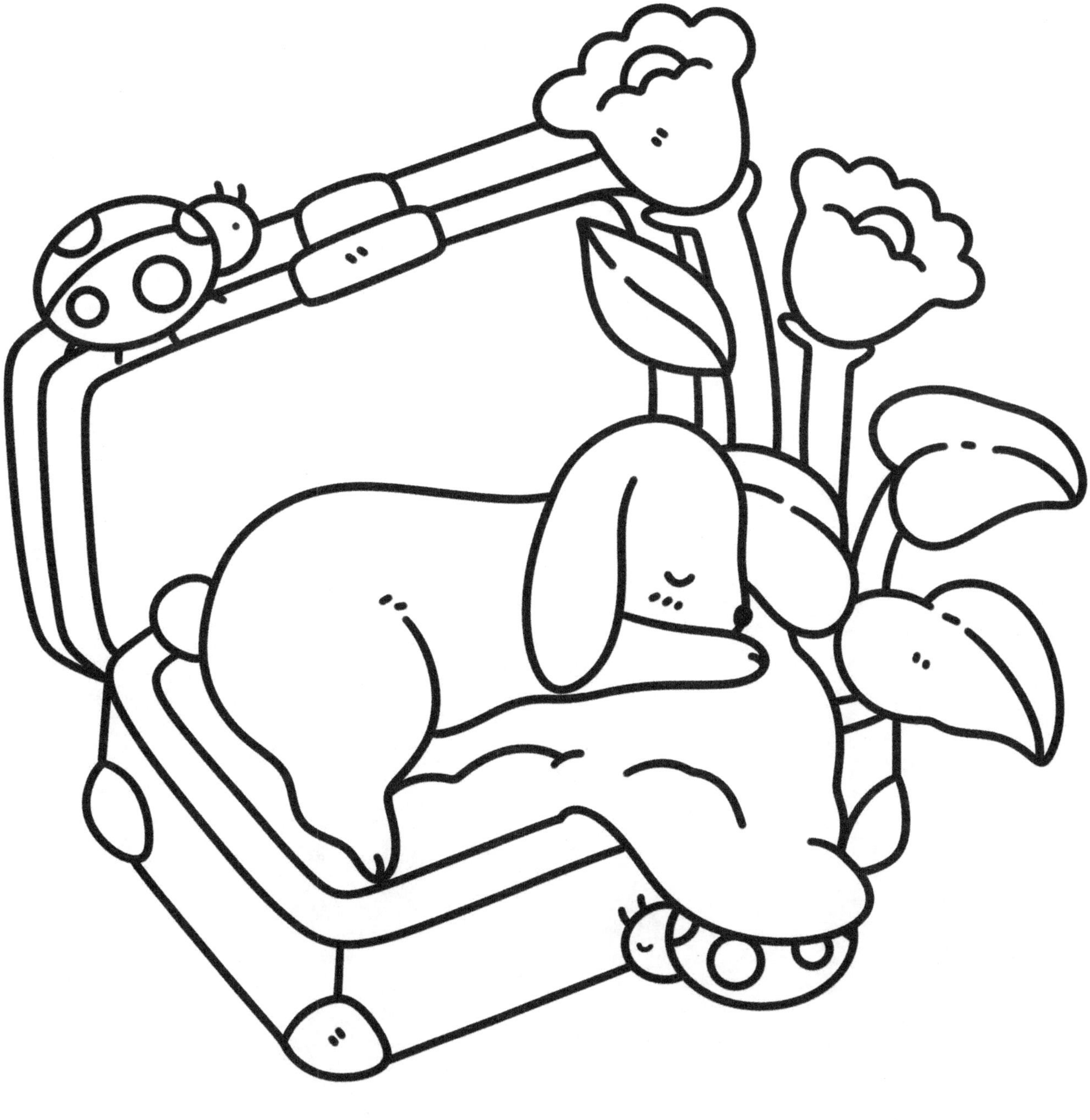

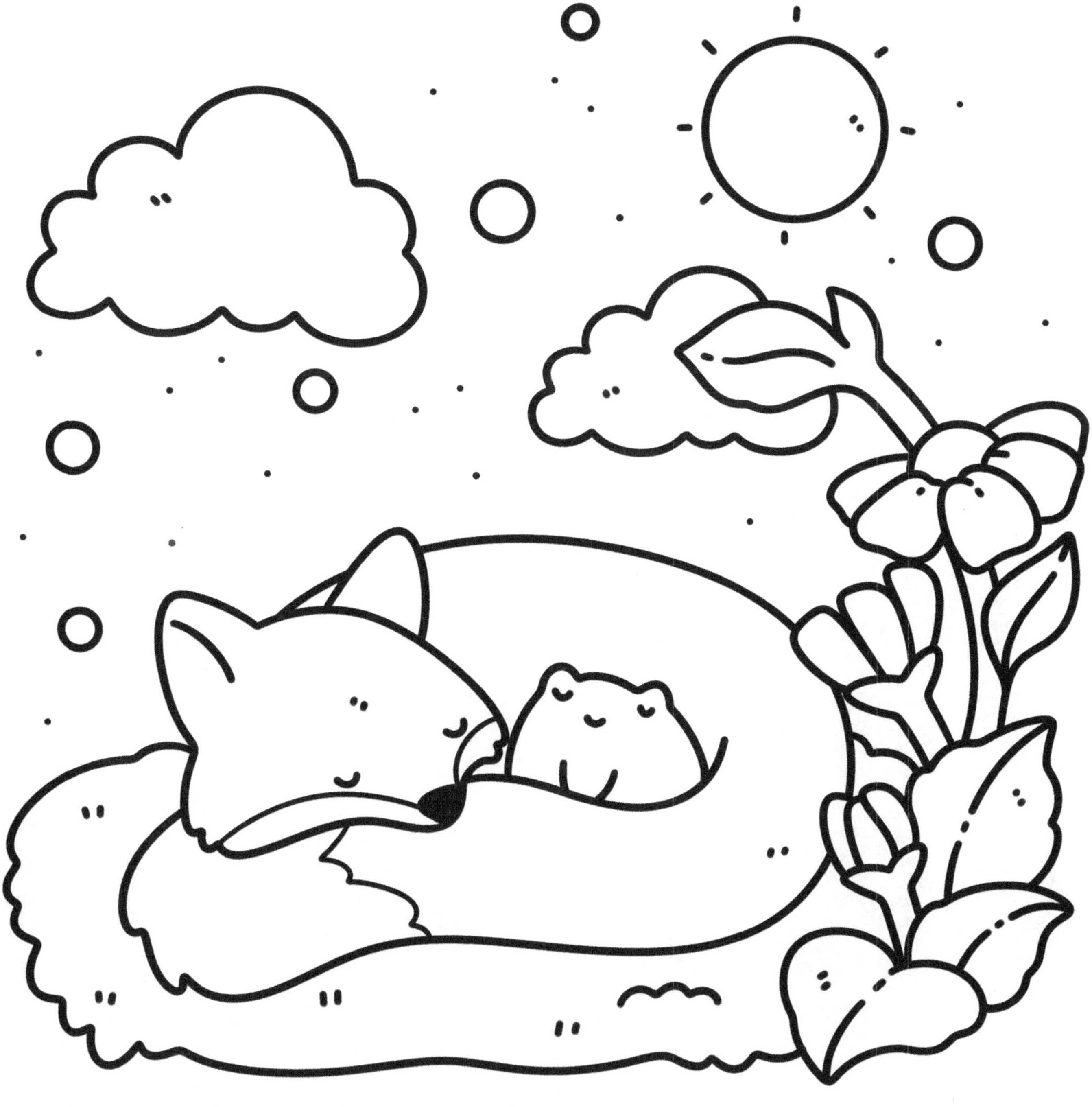

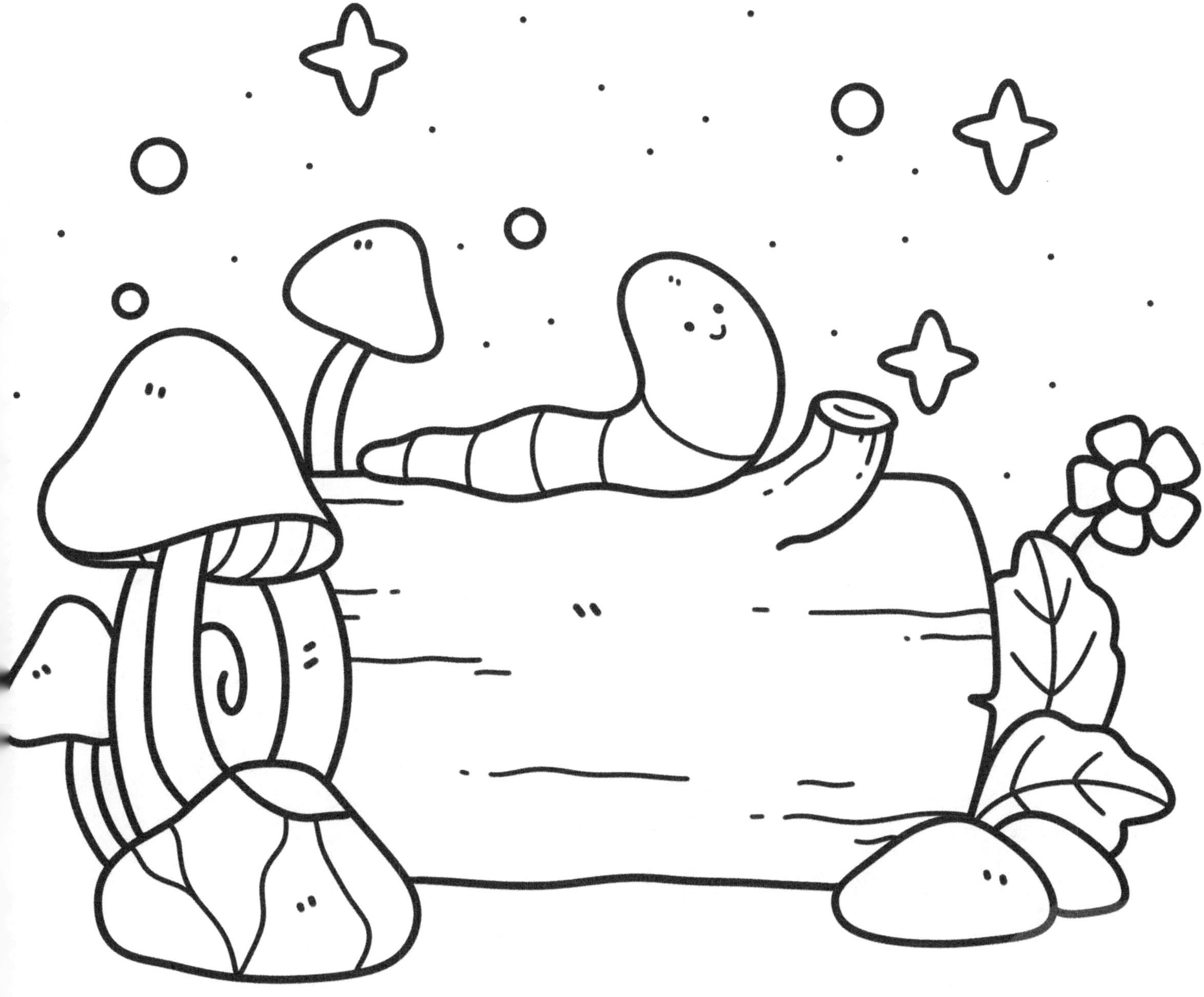

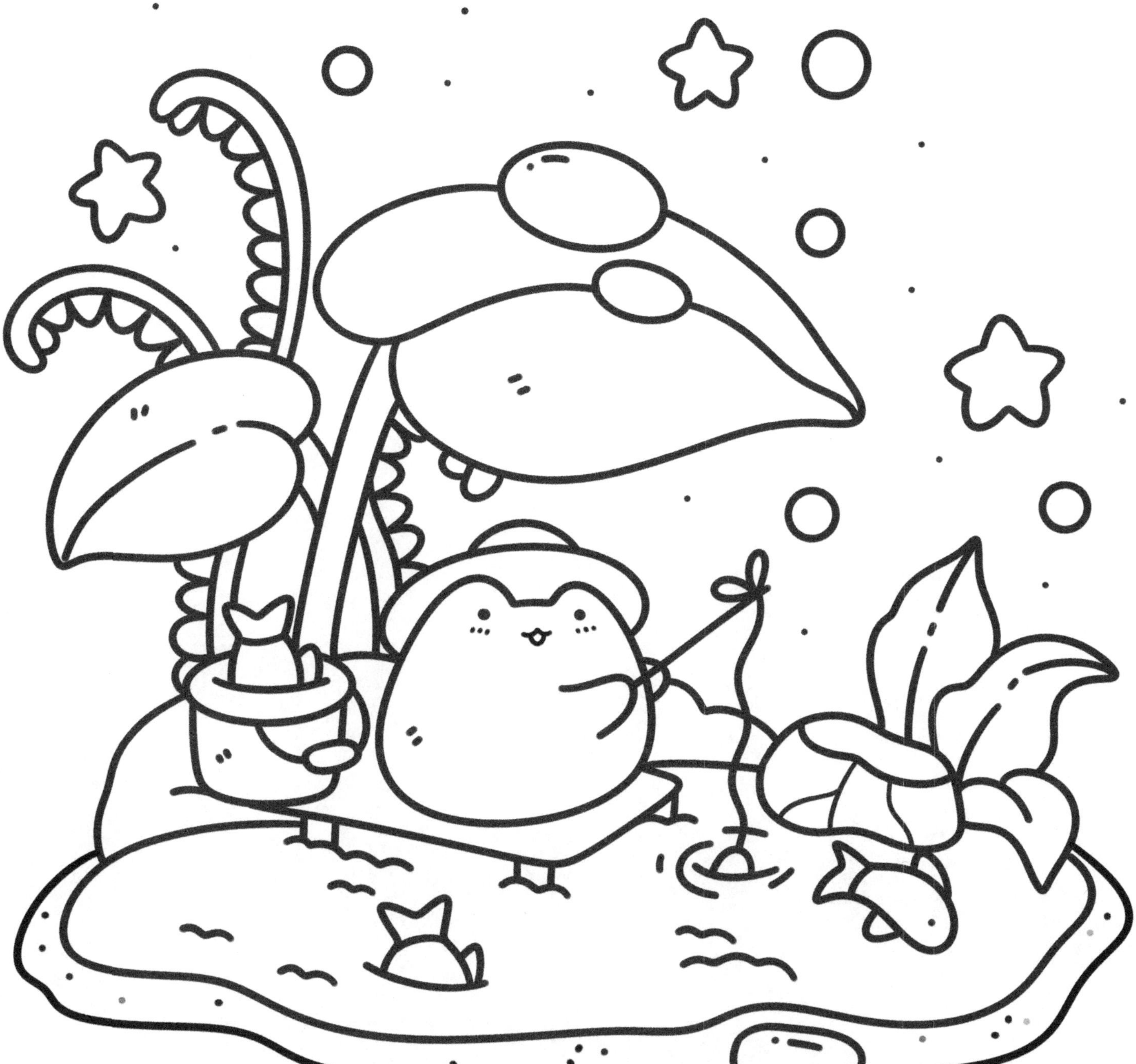

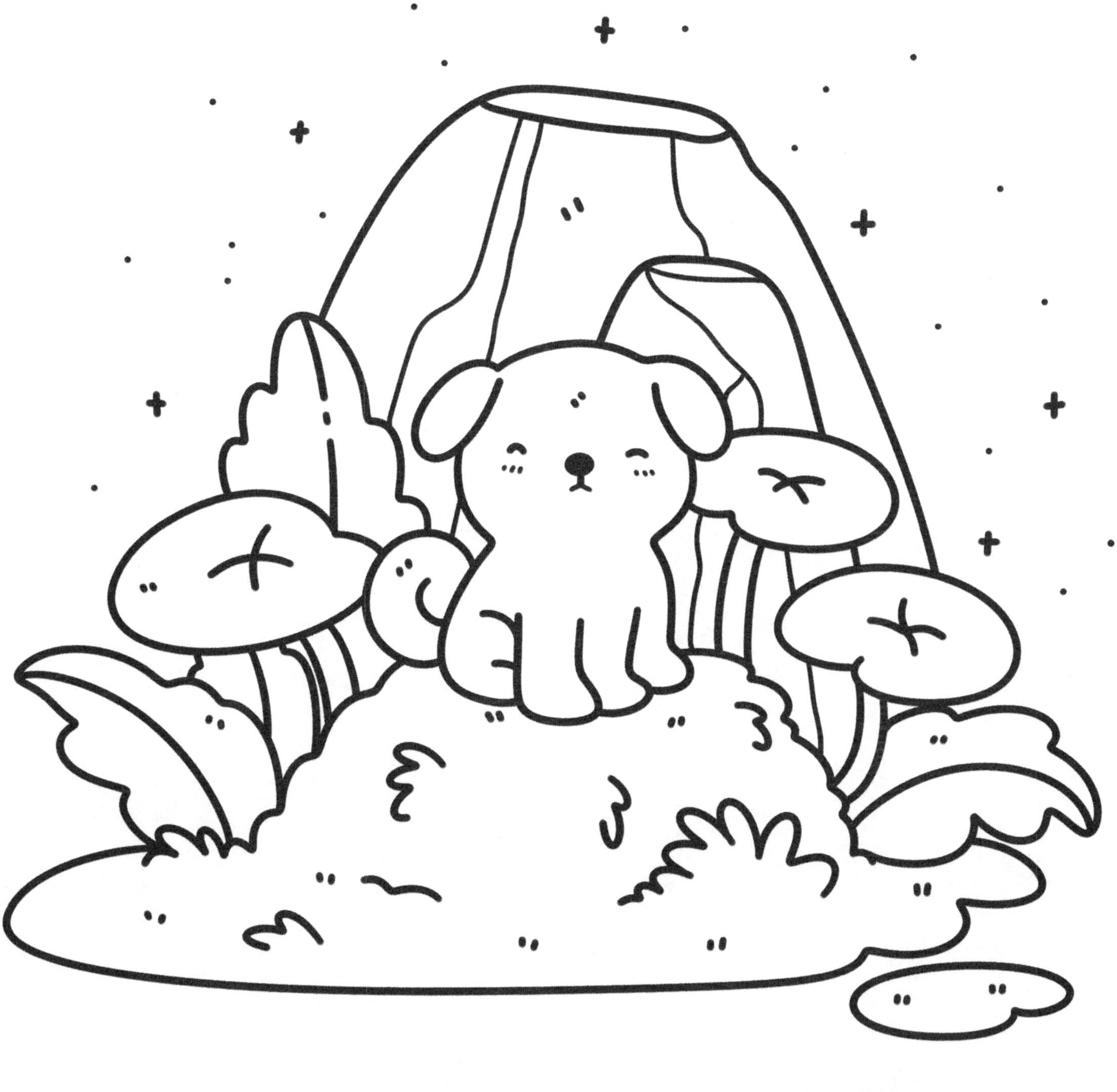

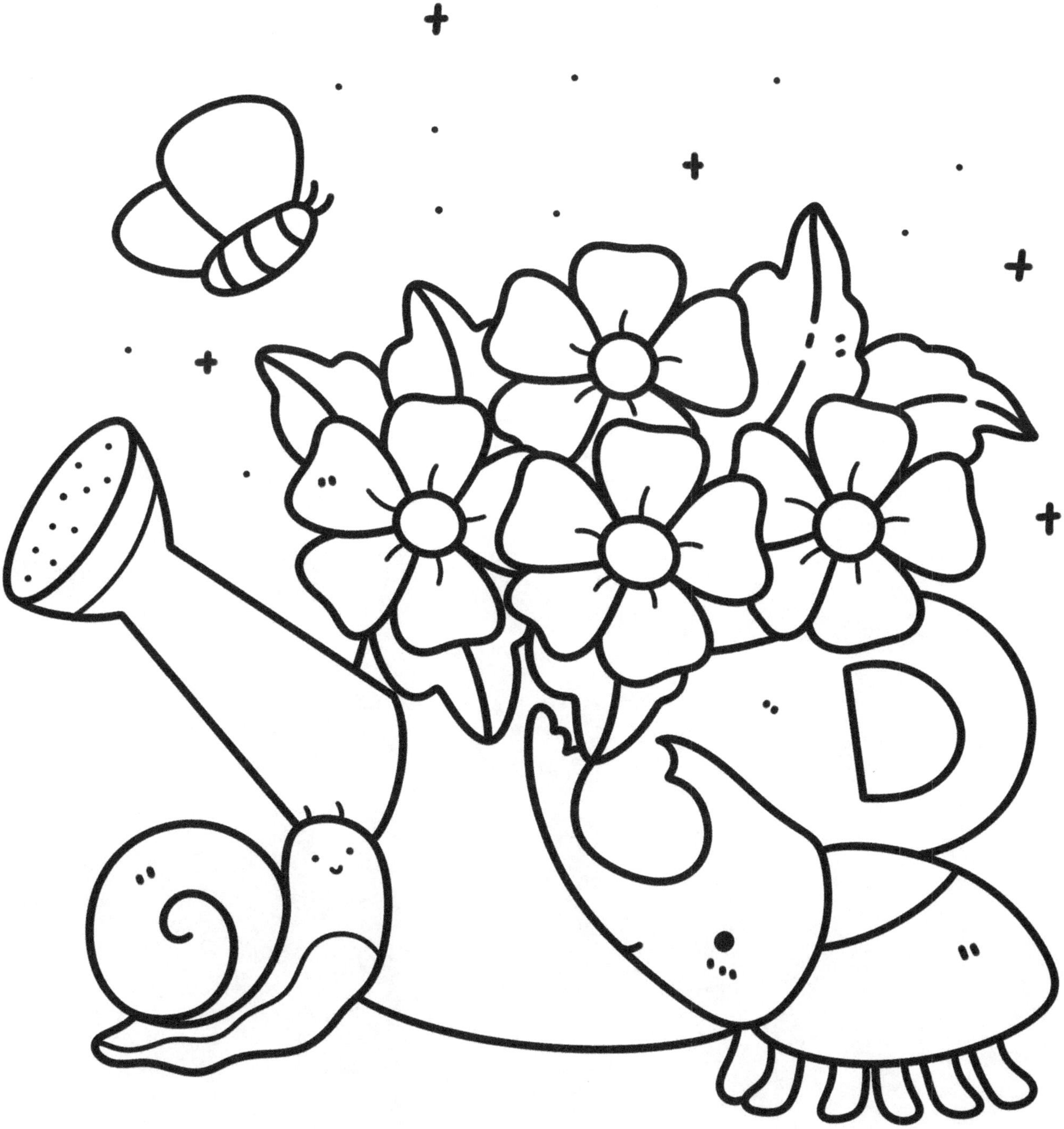
D

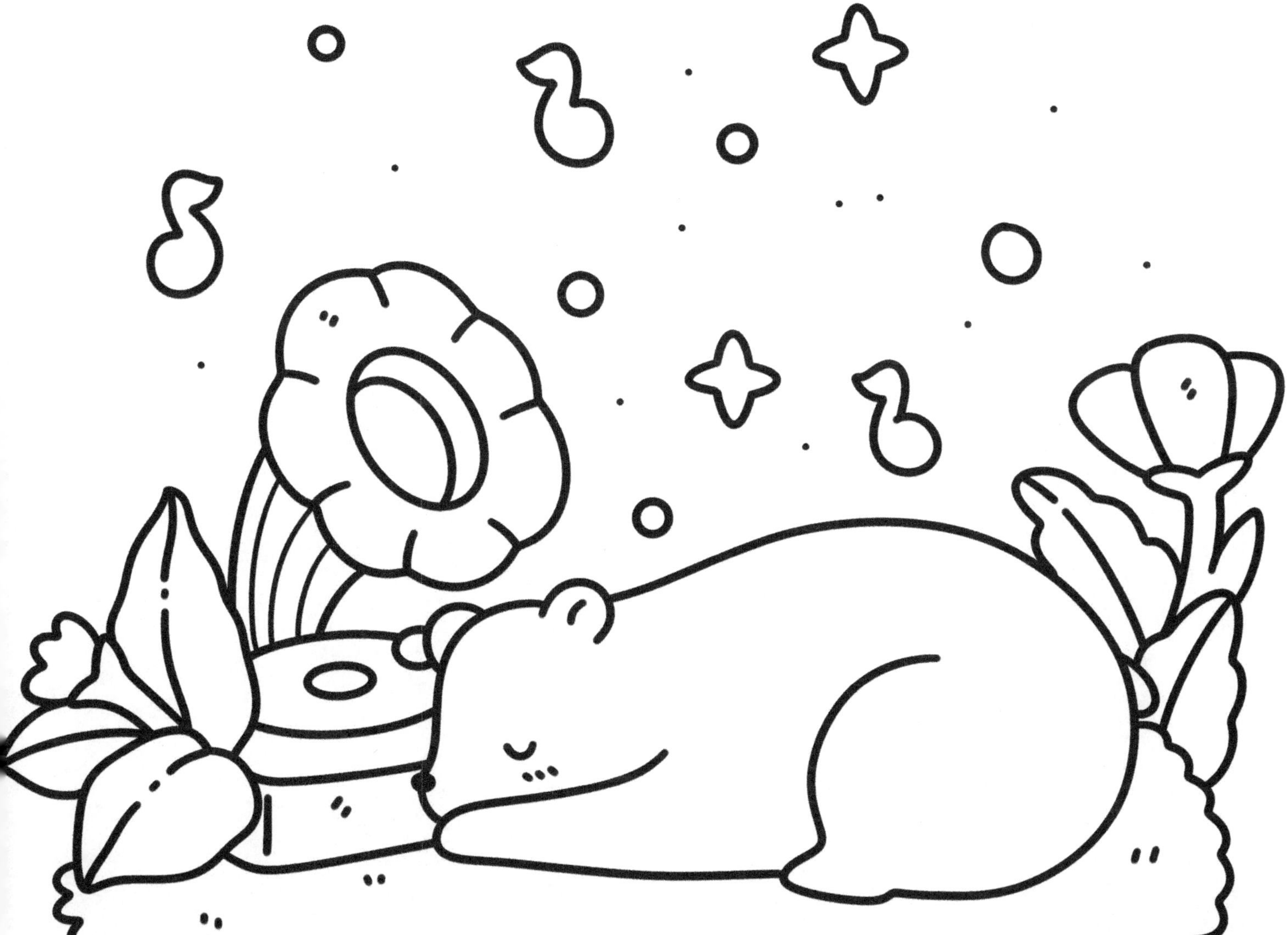

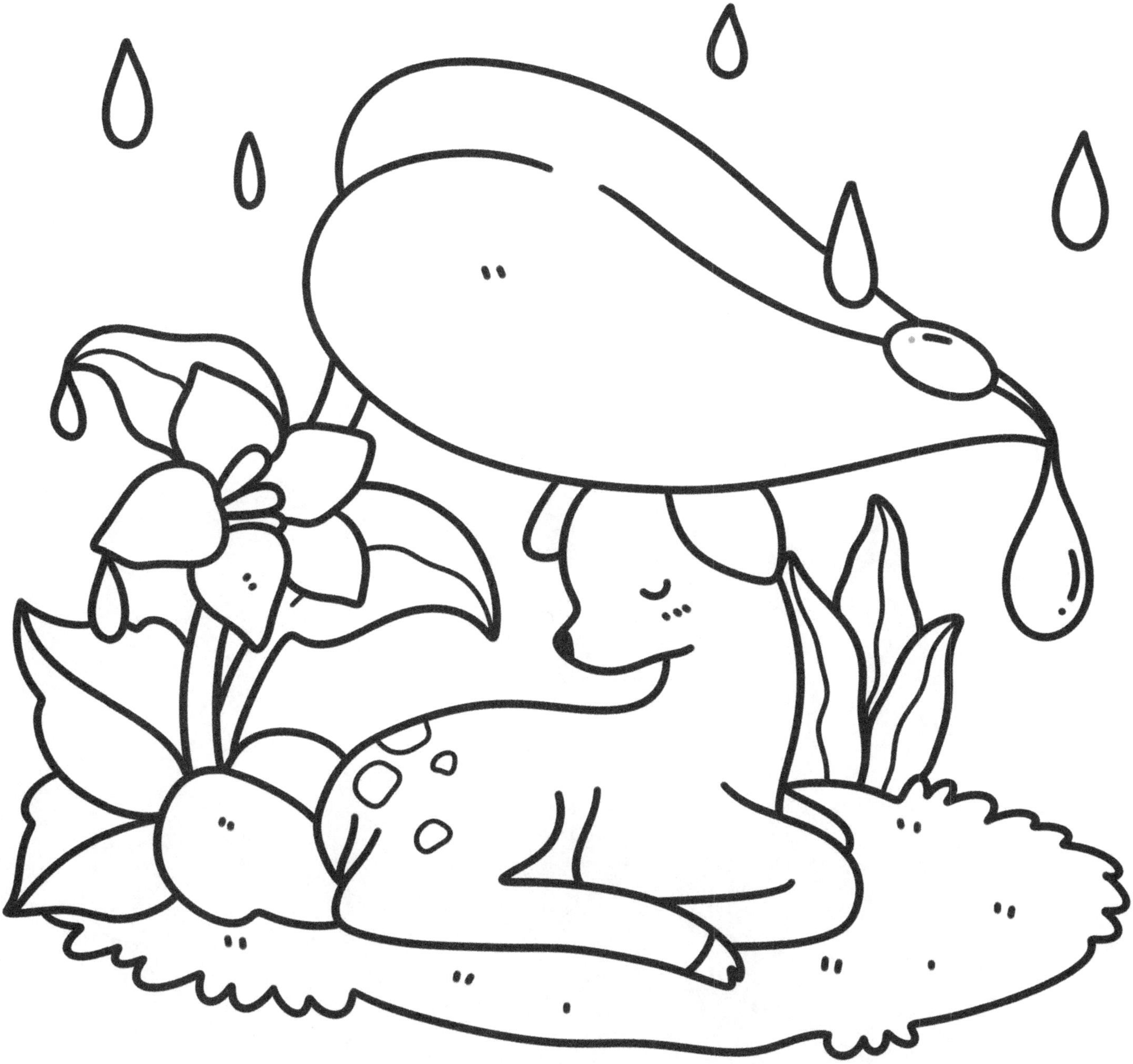

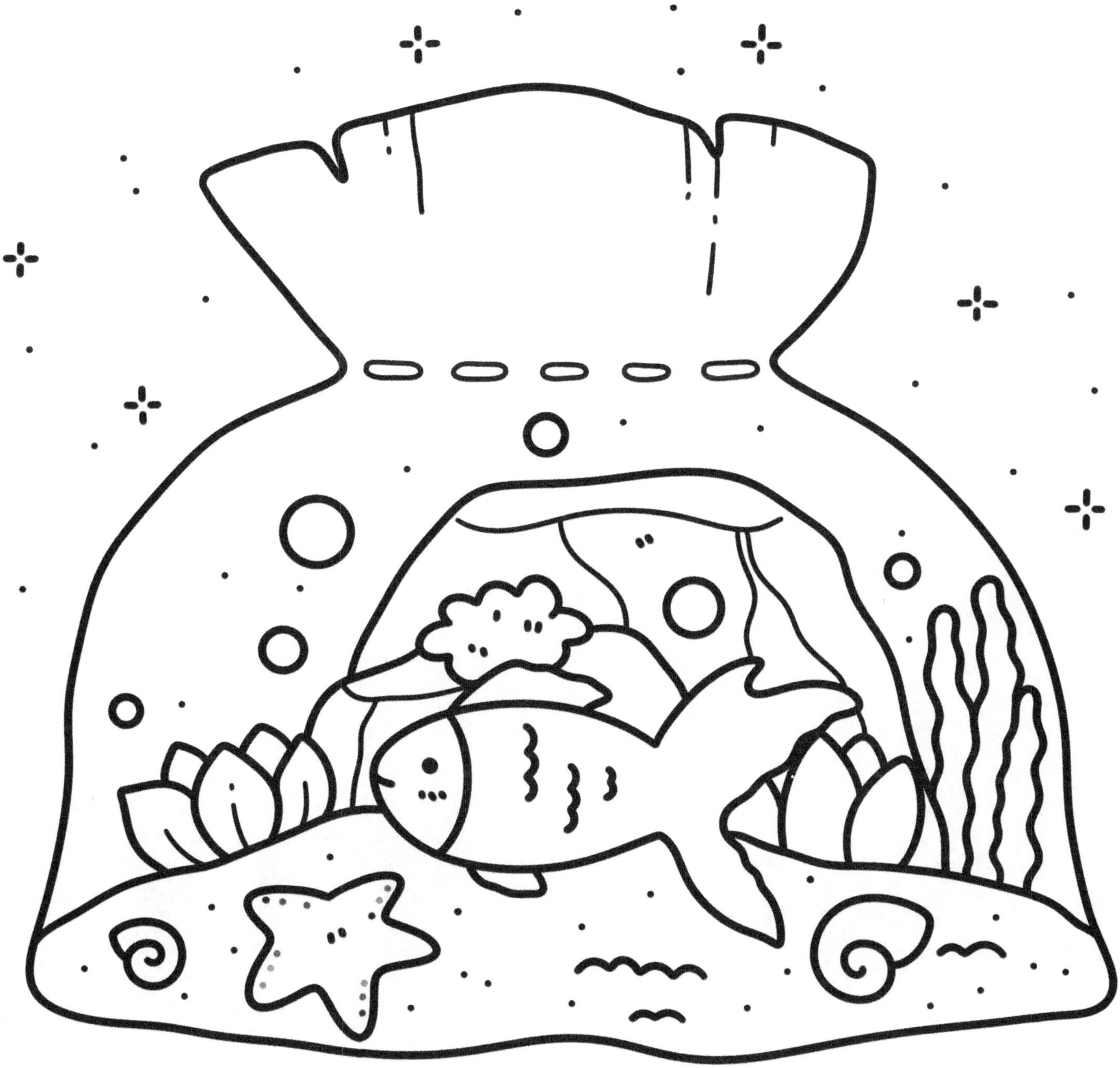

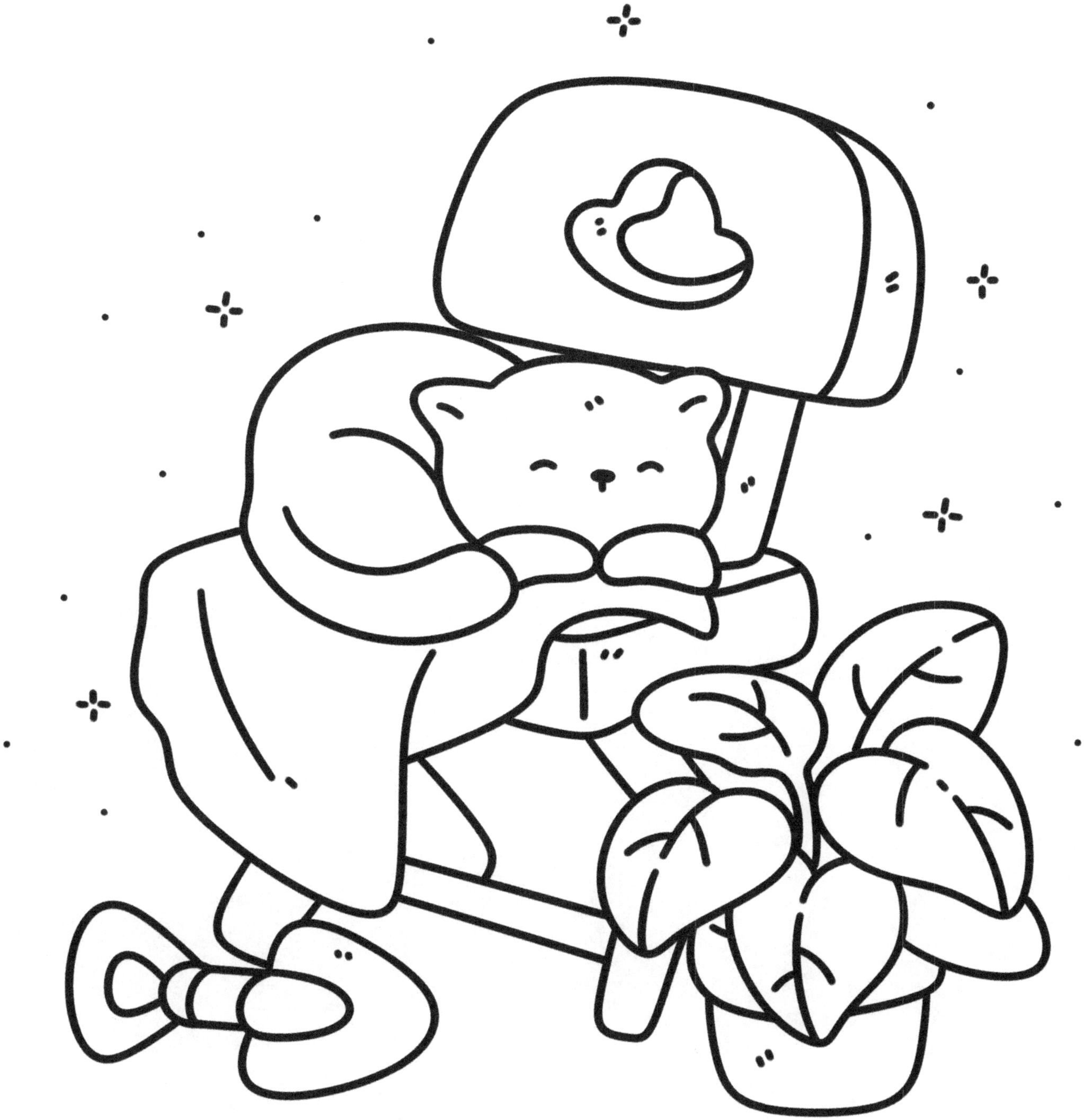

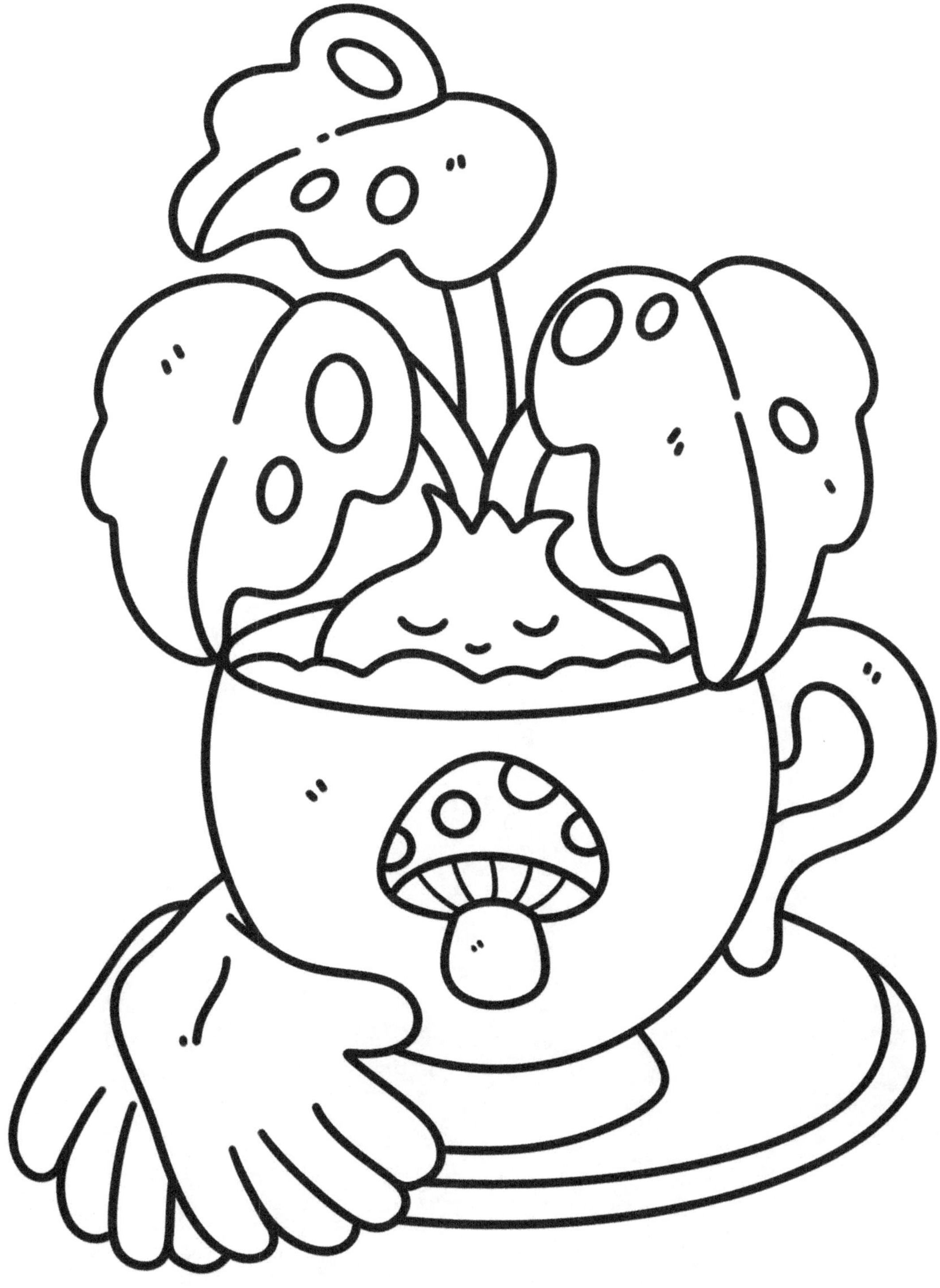

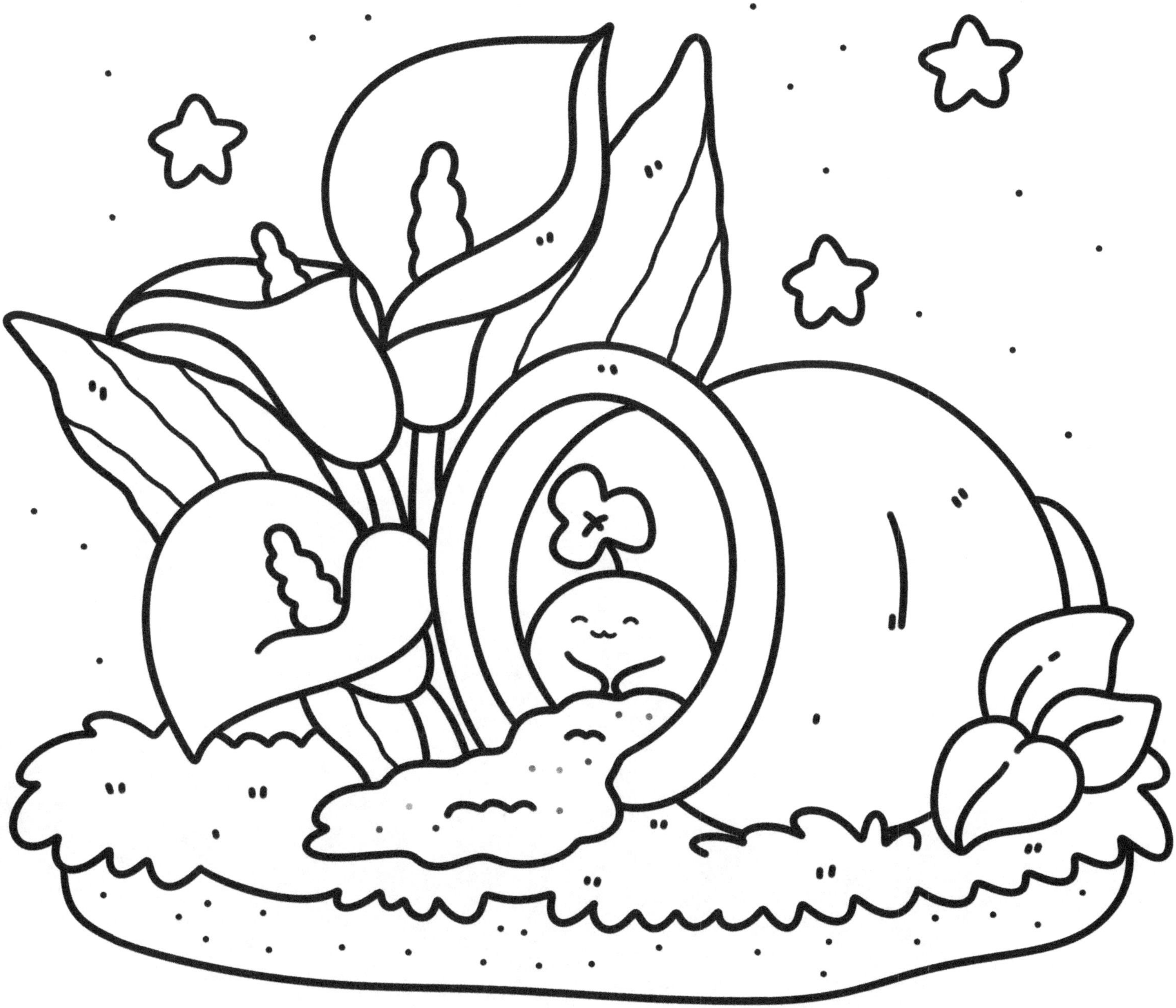

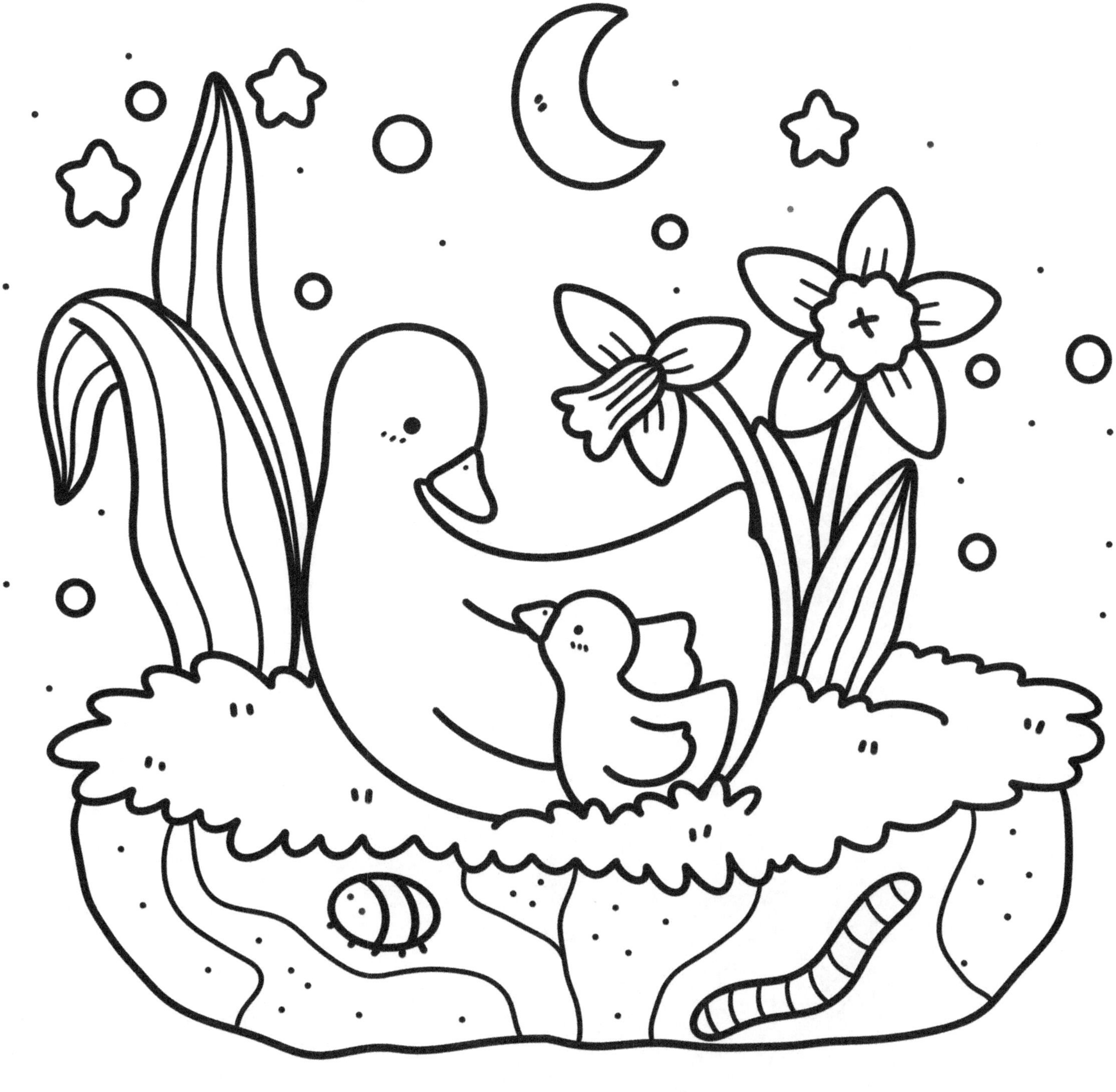

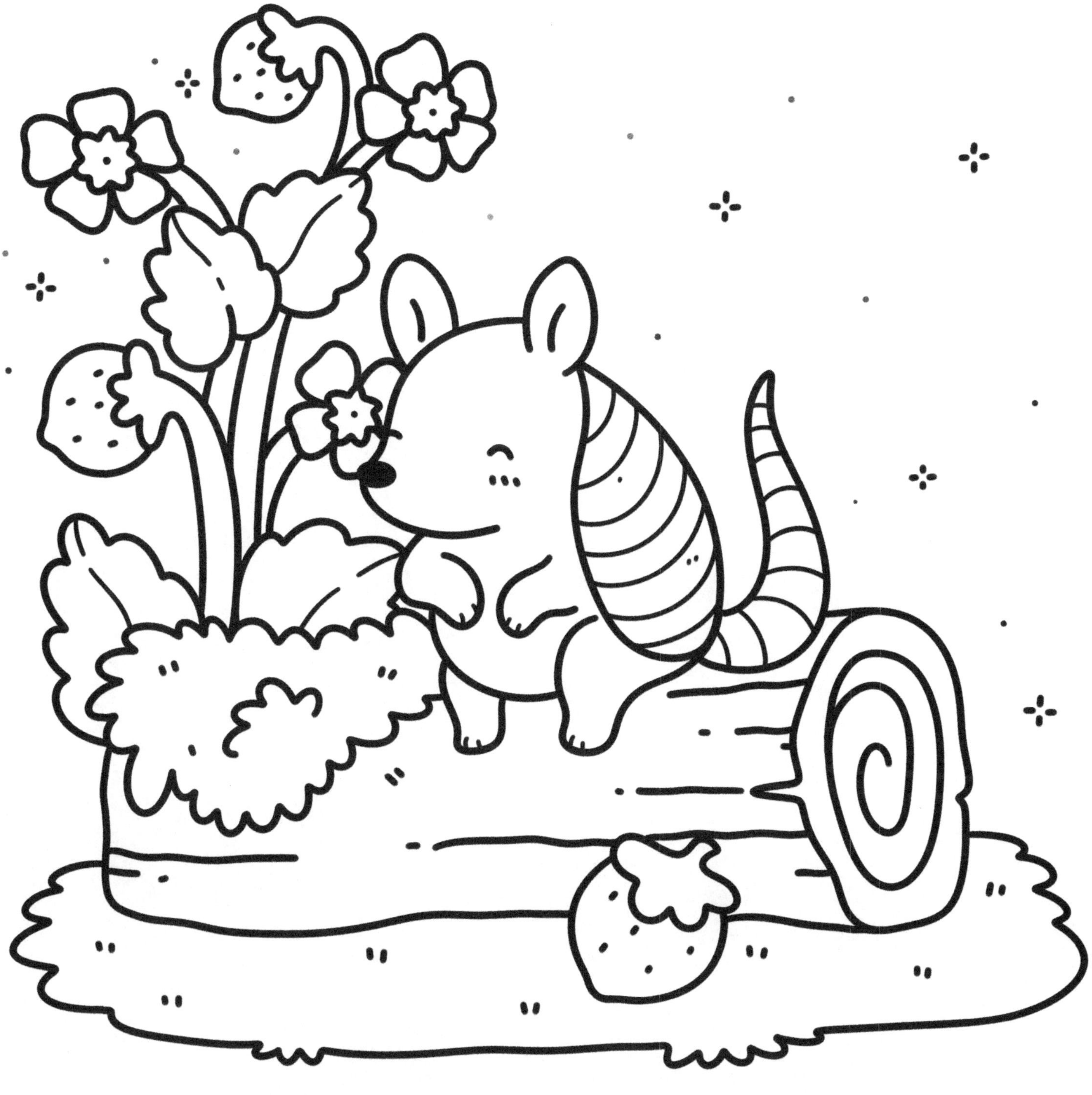

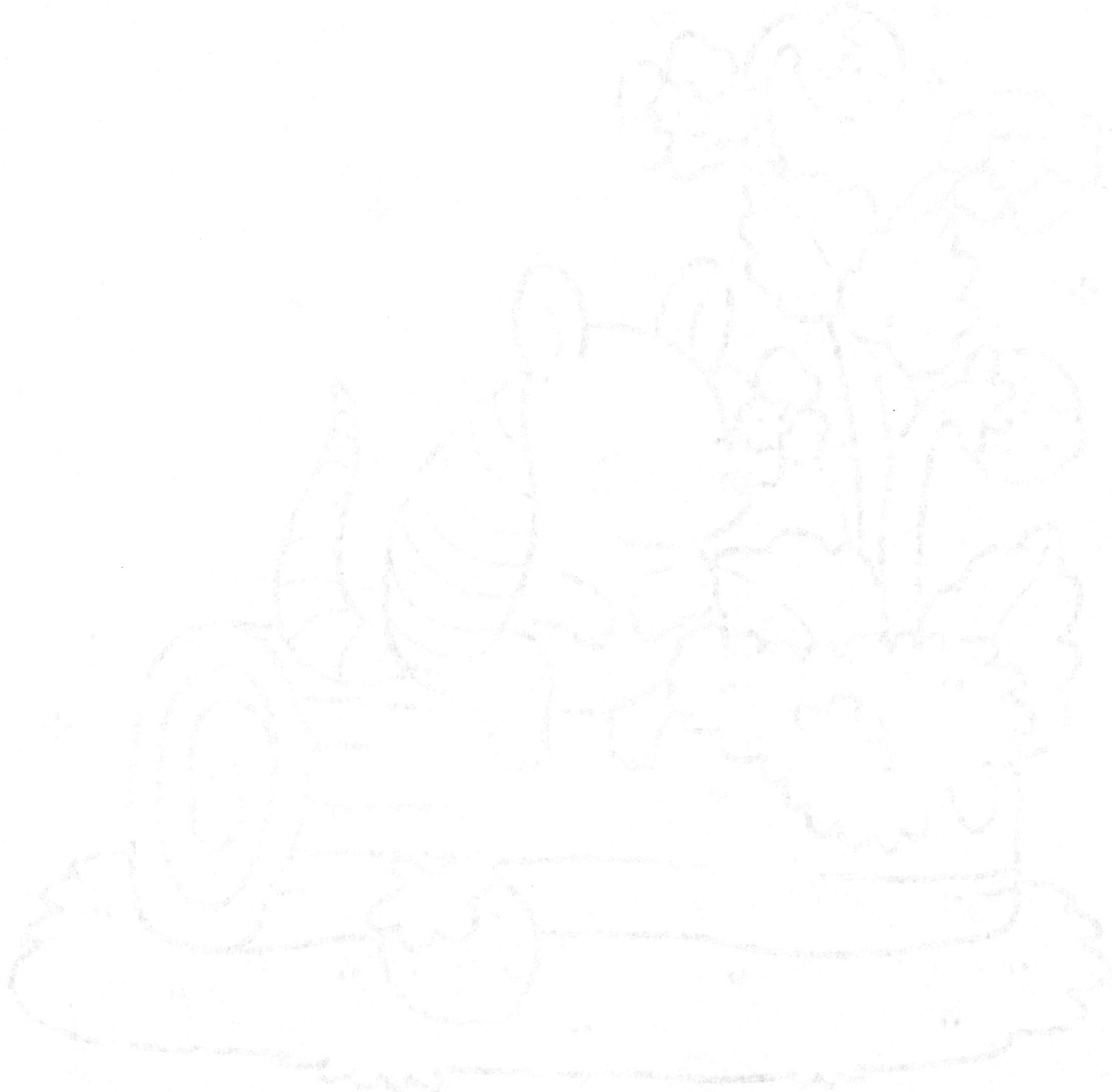

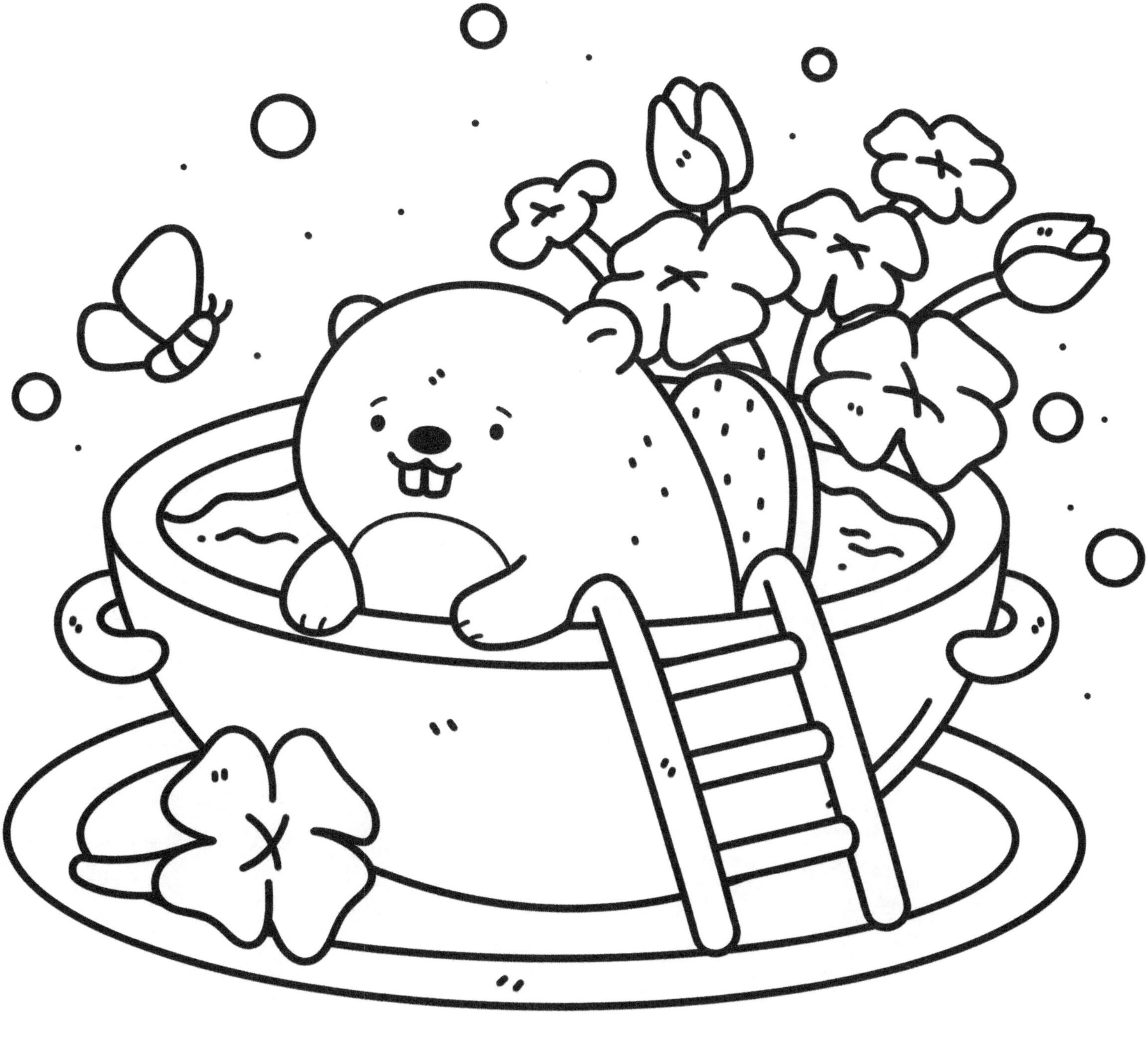

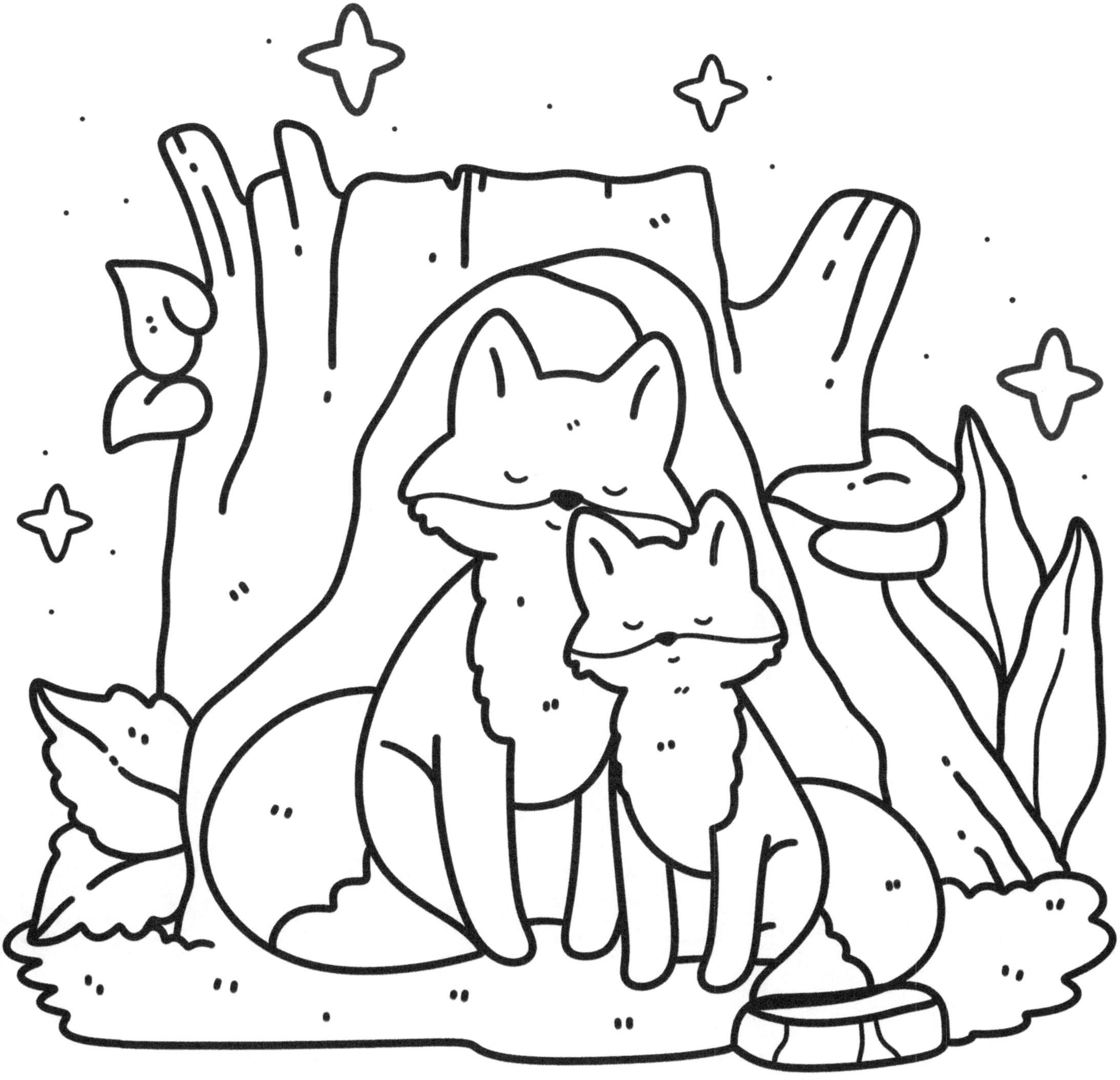

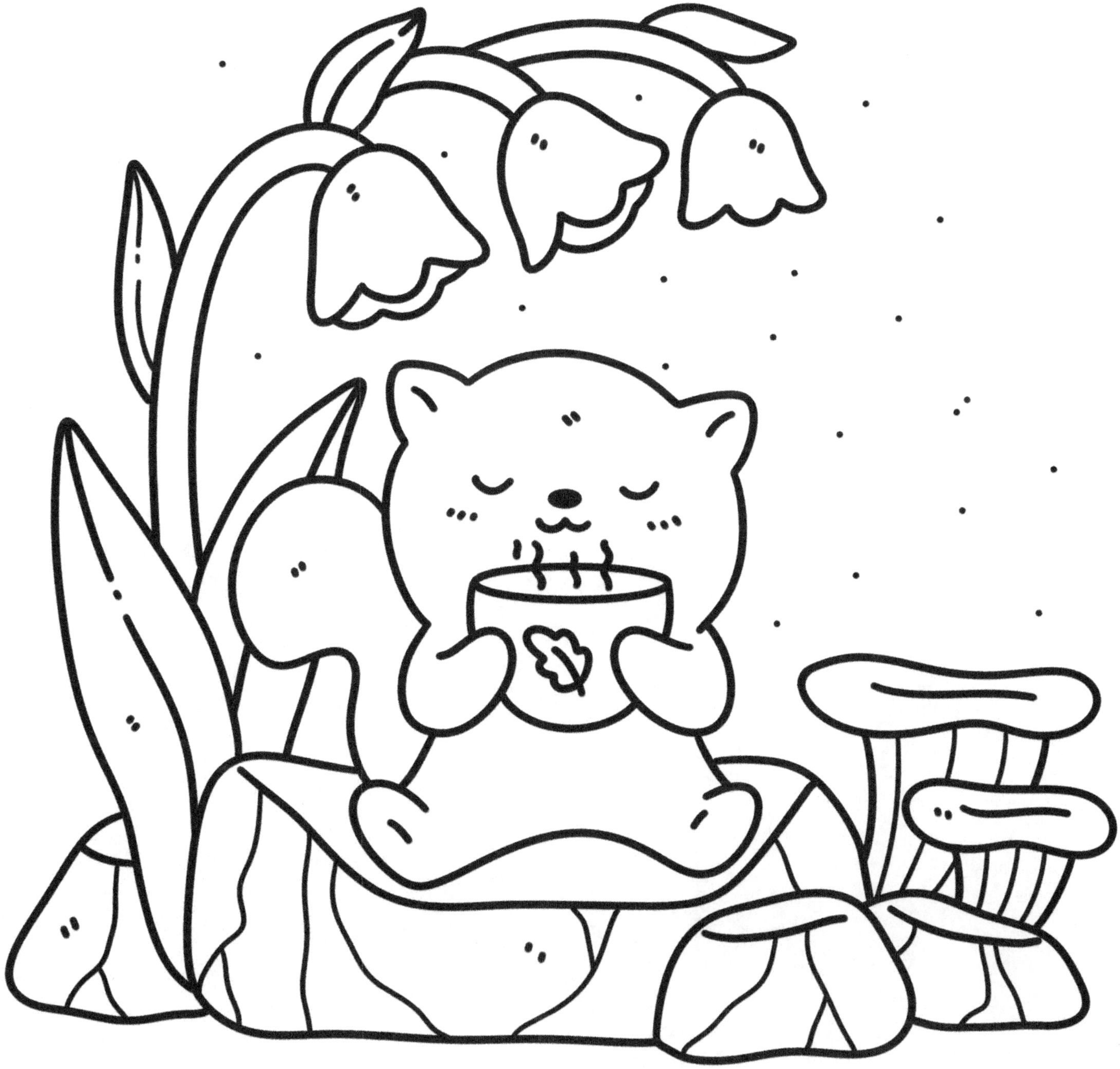

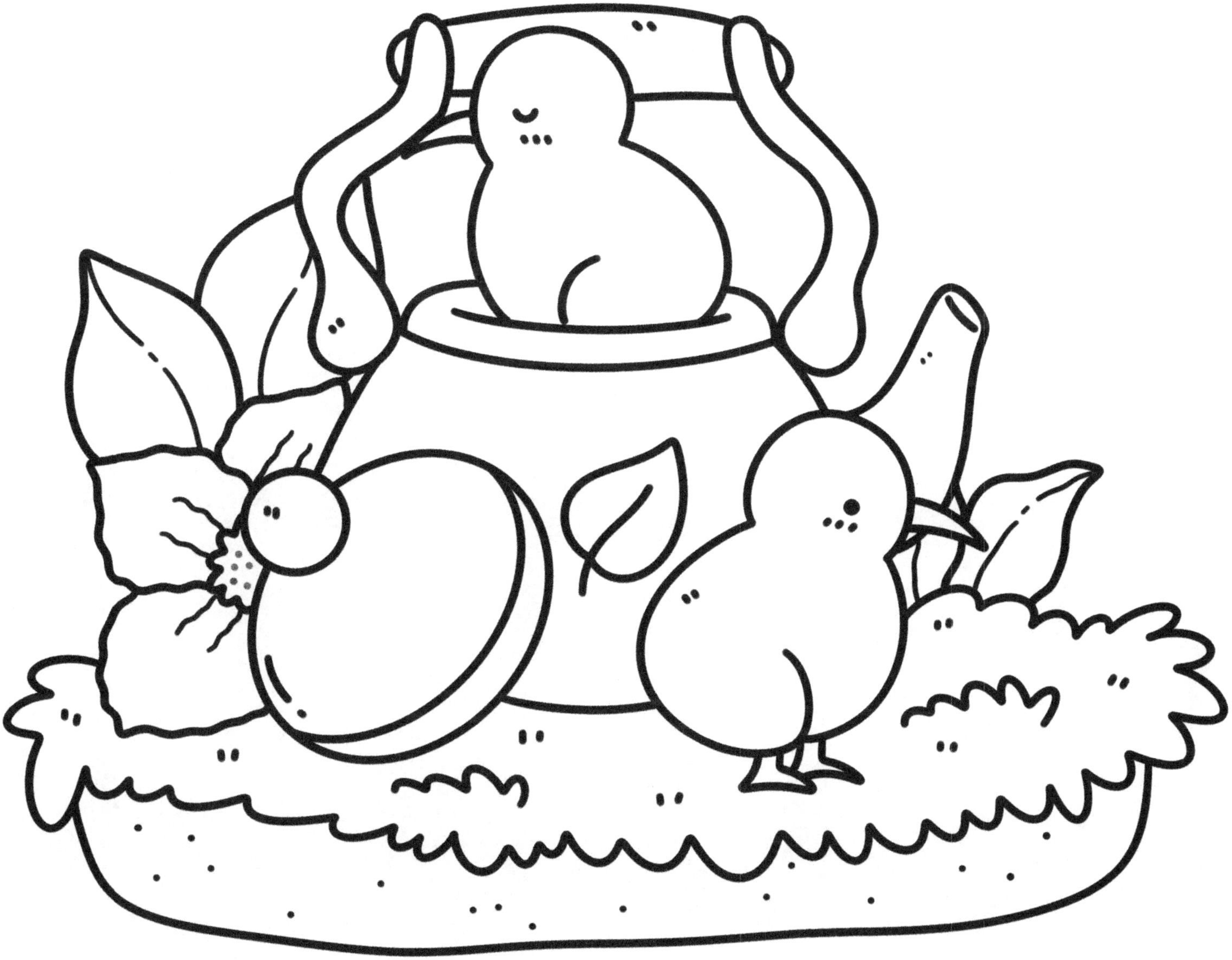

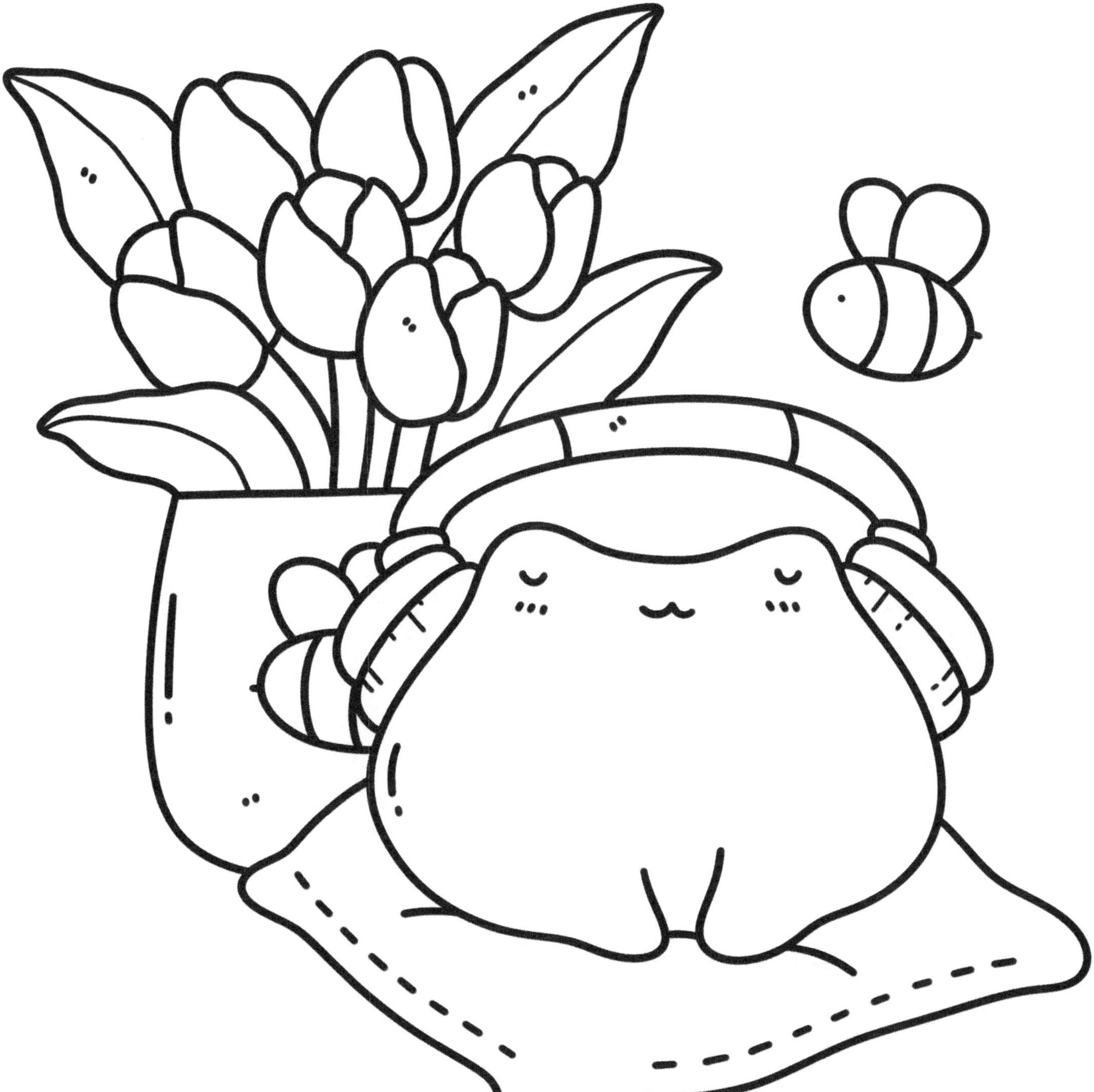

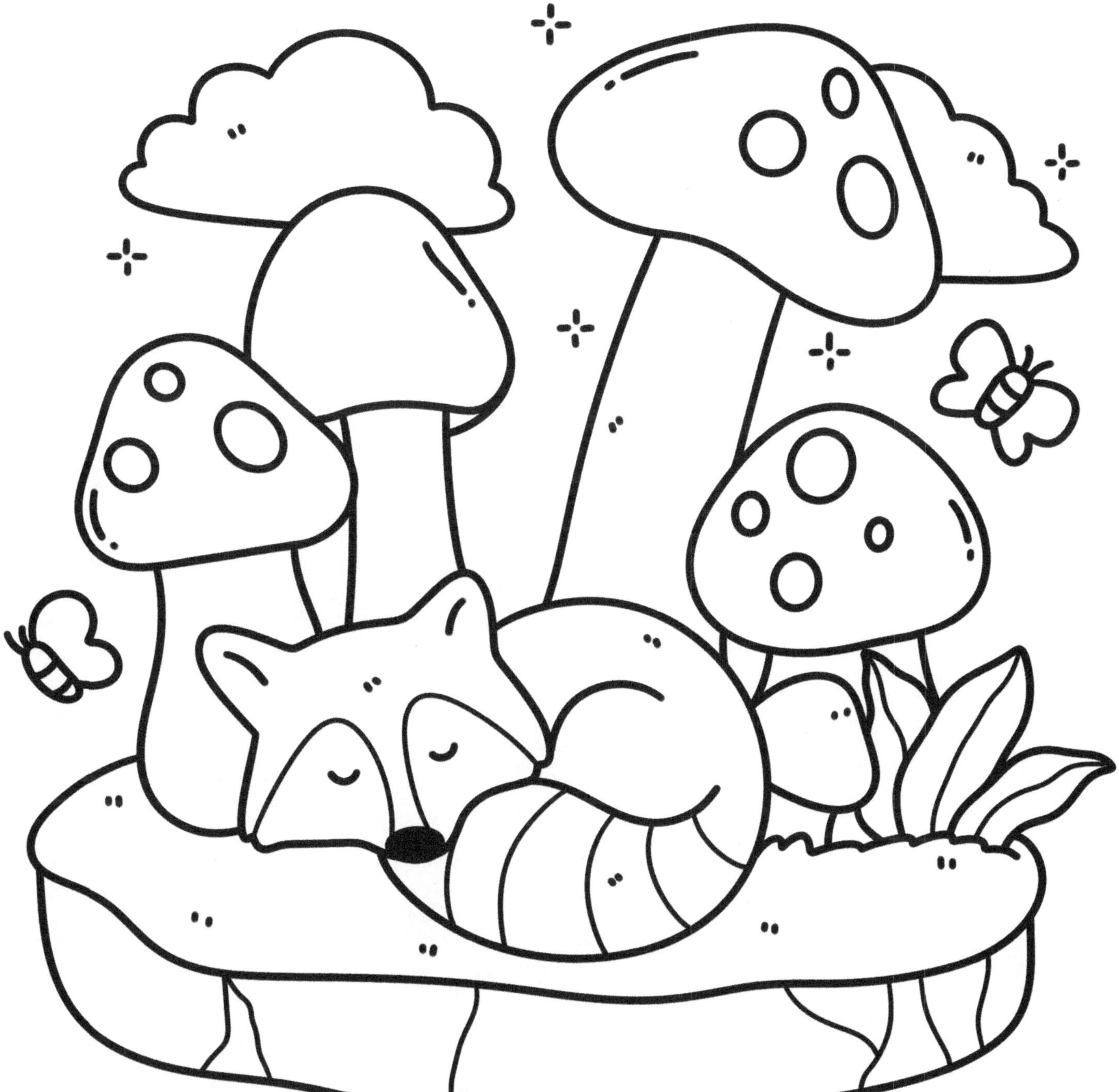

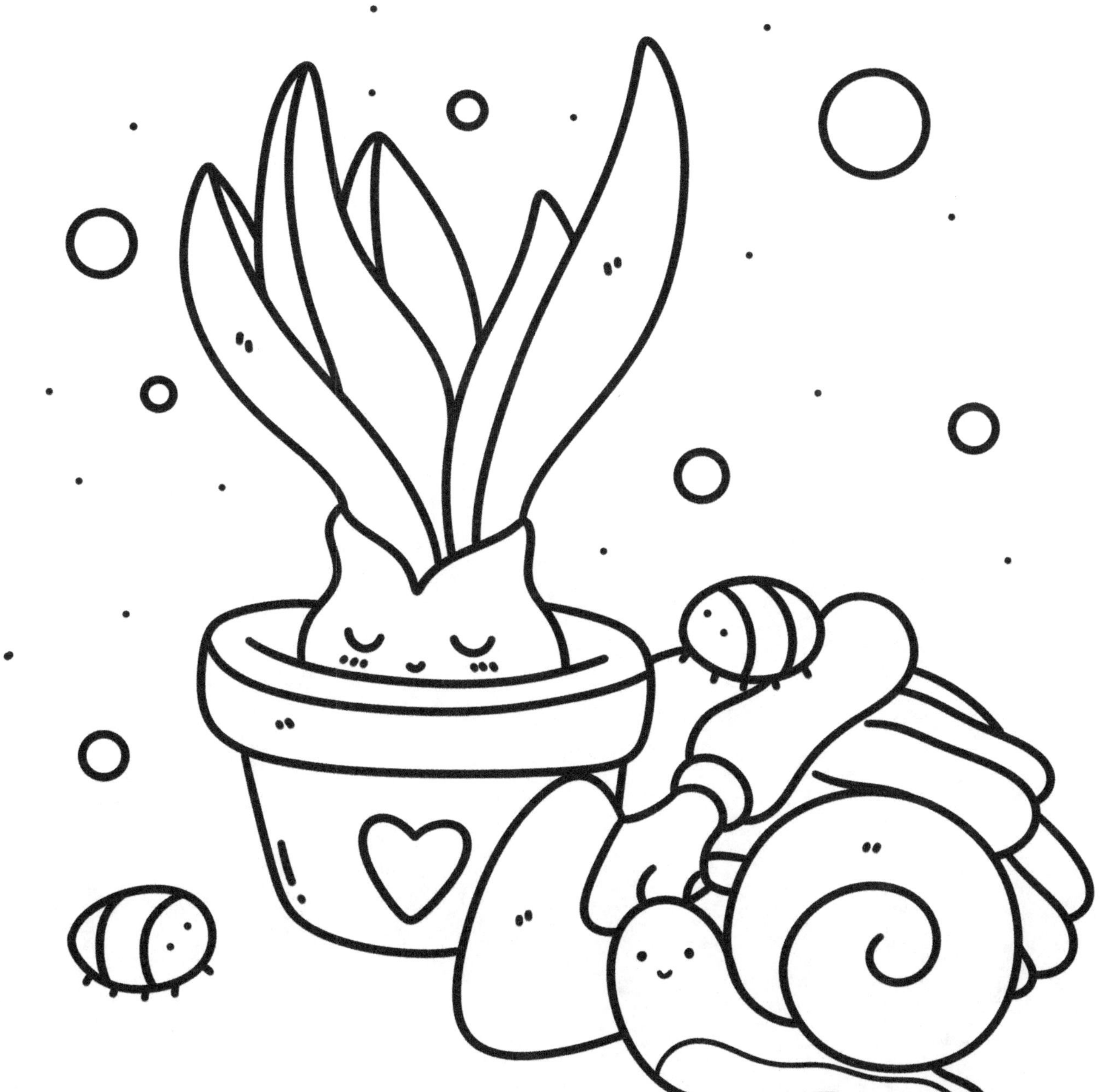

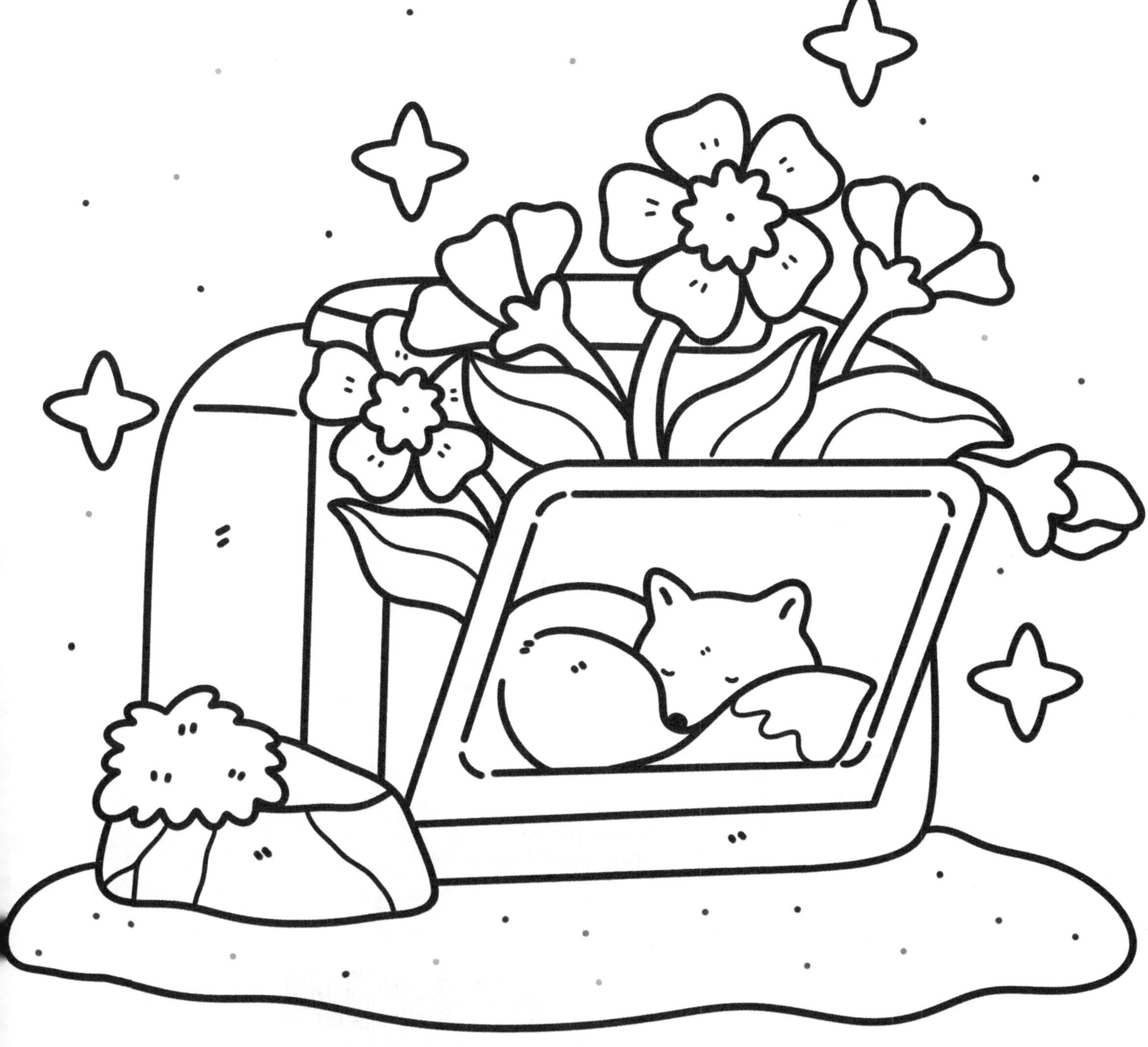

Made in the USA
Las Vegas, NV
24 March 2025

20064984R00057